SUTTON
VERLAG

*Wintersonne über dem Bad Driburger Ortsteil Neuenheerse.*

Verena Hellenthal

# Weihnachten in Ostwestfalen-Lippe

SUTTON VERLAG

*„Lasst auch dies Jahr gesegnet sein", Ludwig Richter.*

Sutton Verlag GmbH
Hochheimer Straße 59
99094 Erfurt
www.suttonverlag.de


ISBN: 978-3-95400-115-6
Druck: Aalexx Buchproduktion, Großburgwedel

# Inhaltsverzeichnis

*Fröhliche Weihnachten! – Deutschland*
*Happy Christmas! – England*
*Merry Christmas! – USA*
*Joyeux Noël! – Frankreich*
*Feliz Navidad! – Spanien*
*Feliz Natal! – Portugal*
*Buon Natale! – Italien*
*Prettige Kerstdagen! – Holland*
*Wesolych Swiat! – Polen*
*God Jul! – Schweden*
*Sretan Bozicj! – Bosnien*
*Glaedelig Jul! – Dänemark*
*Hyvää Joulua! – Finnland*
*God Jul! – Norwegen*
*Sretan Bozic! – Kroatien*
*Gleöileg Jöl! – Island*
*Linksmu Kaledu! – Litauen*
*Streken Bozhik! – Mazedonien*
*Mutlu Noeller! – Türkei*
*Kellemes Karäcsonyt! – Ungarn*
*Shinnen omedeto! – Japan*
*Geseende Kerfees! – Afrikaans*
*Kala Christougenna! – Griechenland*

# Vorwort

Für viele Kinder und Erwachsene ist das Weihnachtsfest die schönste Zeit des Jahres. Dass dies nicht nur an den Geschenken liegt, sondern vielmehr an den vielen Besonderheiten, Kleinigkeiten und Gewohnheiten, die dieses Fest ausmachen, zeigen die vielen Bräuche und Traditionen, die sich seit Generationen erhalten haben.

Die Weihnachtszeit ist die ruhigste, besinnlichste, häuslichste und familiärste Zeit des Jahres. Wenn es auch im Laufe der Jahrzehnte viele Verschiebungen und Veränderungen gegeben hat, trifft diese Aussage in ihrem Kern doch bis heute zu.

Im christlichen Sinne reicht die Weihnachtszeit vom 1. Adventssonntag bis zum 6. Januar, dem Fest der Heiligen Drei Könige. In katholischen Orten reicht die Zeit auch bis Mariä Lichtmess am 2. Februar, wenngleich dies heute nur noch selten der Fall ist. In diesen Zeitraum fallen die vier Adventssonntage, der Nikolaustag, Heiligabend, das Weihnachtsfest, Silvester, Neujahr und der Tag der Heiligen Drei Könige.

Bereits in vorchristlicher Zeit begegnete man diesen dunklen Wochen des Jahres mit besonderer Aufmerksamkeit, welche ihren Höhepunkt in der Wintersonnenwendfeier um den 21. Dezember herum hatte. Bis heute sind Dunkelheit und Licht prägend für diese Zeit geblieben, wenngleich sie auch sonst meist aus christlicher Sicht betrachtet und gefeiert wird. Da viele der Volksbräuche aber in ihrem Ursprung tatsächlich schon Jahrhunderte alt sein können, ist diese Zeit des Übergangs vom Dunkel zum Licht, von einem Jahr zum nächsten auch für Menschen und Familien mit weniger christlichem Hintergrund eine spannende Zeit, die vielfach begleitet ist von kleinen weihnachtlichen Ritualen.

Im Lateinischen bedeutet Adventus in etwa „Warten auf die Ankunft". Dieses Warten wird vielfach begleitet von bestimmten Handlungen, Gebräuchen und Traditionen. Es werden Plätzchen gebacken, die häufig auf jahrzehntealten Rezepten beruhen, es werden Lieder gesungen und Geschichten erzählt, die bereits über Generationen hinweg bekannt sind, und es gibt bestimmte Bräuche, die nach wie vor eingehalten werden. Gerade diese Vertrautheit von bestimmten, jedes Jahr wiederkehrenden Dingen macht den besonderen Reiz der Adventszeit aus. Auch das Weihnachtsfest folgt in vielen Bereichen diesen alten Gebräuchen und Traditionen. Adventskränze, Weihnachtsbäume, Krippen, Engel, Bratäpfel, Gebäckteller und viele Melodien und Lieder sind fest mit dieser Zeit verknüpft und kaum mehr wegzudenken. Wenngleich auch die Bescherung der Höhepunkt des Weihnachtsfestes ist, bleiben doch die Bastelnachmittage, das Keksbacken und das gesellige Zusammensein bei Groß und Klein viel nachhaltiger in Erinnerung. Die Weihnachtszeit ist erfüllt von einem großen Schatz an Geschichten, Sagen, Erzählungen, Legenden, Liedern, Gedichten, Rezepten, Basteleien, aber auch von so manchem Aberglauben und manchmal etwas „schrullig" anmutenden Handlungen.

Einige Dinge haben Allgemeingültigkeit, andere sind nur regional bekannt und viele sind beides, allgemeingültig und doch regional verwurzelt. So ist es zum Beispiel nicht verwunderlich, wenn die Krippe unter dem Weihnachtsbaum einem westfälischen Bauernhaus gleicht. Vielleicht sind es gerade die Vertrautheit und diese kleinen regionalen Besonderheiten, diese Extraportion Zimt im Kuchen und das Wissen, dass bereits die Großeltern es schon so gemacht haben, warum viele weihnachtliche Traditionen bis heute Bestand haben und es kaum jemand schafft, sich ihrem Charme zu entziehen.

*Verena Hellenthal*
Bünde, im Herbst 2012

# 1.

# Die Adventszeit

## *Winterlied*

FRIEDRICH LEOPOLD ZU STOLBERG-STOLBERG

*Wenn ich einmal der Stadt entrinn',*
*Wird mir so wohl in meinem Sinn,*
*Ich grüße Himmel, Meer und Feld*
*In meiner lieben Gotteswelt.*

*Ich sehe froh und frisch hinein,*
*So glücklich wie ein Vögelein,*
*Das aus dem engen Käficht fleucht,*
*Und singend in die Lüfte steigt.*

*Auch sieht mich alles freundlich an,*
*Im Schmuck des Winters angethan:*
*Das Meer gepanzert, weiß und hart;*
*Der krause Wald, der blinkend starrt.*

*Der lieben Sänger buntes Heer*
*Hüpft auf den Ästen hin und her,*
*Und sonnet sich am jungen Licht,*
*Das durch die braunen Zweige bricht.*

*Hier keimt die zarte Saat empor,*
*Und kucket aus dem Schnee hervor;*
*Dort lockt des Thales weiches Moos*
*Das junge Reh auf seinen Schoß.*

*Natur, du wirst mir nimmer alt*
*In deiner wechselnden Gestalt!*
*Natur, so hehr, so wunderbar,*
*Und doch so traut, und doch so wahr!*

*Auf! Atalante, renne frisch!*
*Ich wittre schon den frohen Tisch.*
*Der goldne Haber harret dein,*
*Und mein der goldne deutsche Wein!*

*„Der Winter ist ein rechter Mann", Ludwig Richter.*

## Adventsbräuche

Die Adventszeit, das waren die dunklen Tage des Jahres. Gerade in den ländlichen Regionen waren die meisten Arbeiten erledigt oder Wetterlage, Kälte und Dunkelheit ließen viele Tätigkeiten nicht mehr zu. Man zog sich stärker in die Häuser und Stuben zurück und es blieb genügend Zeit, um sich auf das Weihnachtsfest vorzubereiten. Etwas böswillige Zungen sagten den Bauern in dieser Zeit nach, sie würden vor Langeweile ihre Hühner bürsten.

Hochzeiten fanden in der Adventszeit nicht statt, auch sollte nicht gefeiert und getanzt werden. Ebenso sollte man sich mit rechtlichen Dingen in dieser Zeit zurückhalten und Gerichtstermine möglichst meiden.

Ein Begleiter der Adventszeit ist der Adventskranz. Über die Ursprünge des Adventskranzes ist man sich in der Forschung nicht ganz sicher. Von dem Hamburger Theologen Johann Heinrich Wichern ist ein Tagebucheintrag aus dem Jahr 1839 erhalten, in welchem er von dem Anbringen eines Adventskranzes in der vom ihm gegründeten Erziehungsanstalt in Hamburg berichtet. Wenngleich der Brauch vermutlich viel älter ist und die Kranzform bereits auf vorchristliche Rituale schließen lässt, gehört dieser Tagebucheintrag zu einer der frühesten schriftlichen Erwähnungen des Adventskranzes. Ursprünglich lag dieser nicht auf dem Tisch, sondern hing von der Zimmerdecke herab. Auch hatte er anfangs für jeden Tag eine Kerze.

Ähnlich wie beim Weihnachtsbaum treffen auch beim Adventskranz immergrüne Pflanzen und Licht aufeinander. Die grünen Zweige waren bereits in frühester Zeit ein Symbol für das Leben und sie sollten helfen, böse Geister zu vertreiben. Es ist bekannt, dass Friedrich von Bodelschwingh ihn in seinen Krankenanstalten Bethel in Bielefeld bereits im 19. Jahrhundert in der Adventszeit anbringen ließ. In der hiesigen Region war er damit einer der Ersten, der diesen Brauch praktizierte.

Ein weiterer beliebter Adventsbrauch, besonders im Raum Gütersloh, ist der sogenannte Westfälische Nachtgesang. Hierbei erklingen in einem bestimmten Zeitrhythmus die Glocken der Kirchtürme. Dieser „Gesang“ der Glocken kann bis zu einer Stunde dauern und wird bereits lange Zeit durchgeführt.

*Blick vom Klusenberg bei Neuenheerse in Richtung Dringenberg.*

## Der Barbaratag am 4. Dezember

Die Heilige Barbara wurde im 3. Jahrhundert in der heute türkischen Stadt Izmit geboren.

Der Legende nach sperrte ihr Vater sie stets in einen Turm, wenn er selbst auf Reisen ging. Als er einmal von einer solchen zurückkehrte, sah er, dass der Turm, in den er seine Tochter eingesperrt hatte, nun drei statt zwei Fenster hatte. Sie erklärte ihm darauf, dass sie nun zum Christentum gefunden hätte und die Fenster ihr Symbol für die Dreifaltigkeit seien. Rasend vor Wut versuchte der Vater sie umzustimmen und zeigte sie schließlich an. Da das Christentum unter dem damaligen Kaiser verboten war, wurde das Mädchen verhaftet und starb wenig später für ihren Glauben. Der Vater wurde vom Blitz getroffen und starb ebenfalls.

Der Legende nach soll sie während ihrer Gefangenschaft, als sie auf ihren Tod wartete, einen vertrockneten Zweig einer Kirsche mit Wasser benetzt haben, als dieser tatsächlich anfing zu blühen, schöpfte sie daraus ihren Trost.

Die Heilige Barbara ist Patronin vieler Kirchenglocken und Schutzheilige der Bergleute, die ihr zu Ehren an ihrem Feiertag am 4. Dezember ein Licht anzünden.

Stellt man am Barbaratag nun den Zweig eines Obstbaumes ins Wasser und blüht dieser an Weihnachten, soll man das ganze kommende Jahr über Glück haben.

Eine alte Bauernregel besagt: *Knospen an St. Barbara, sind zum Christfest Blüten da.*

Es ist im westfälisch-lippischen Raum bis heute üblich, Anfang Dezember ein paar Zweige ins Wasser zu stellen und bis Weihnachten auf deren Erblühen zu hoffen. Die tatsächliche Verbindung zur Heiligen Barbara ist dabei aber sehr in den Hintergrund getreten, auch nimmt man es mit dem Datum vielfach nicht ganz so genau.

Doch die Symbolhaftigkeit von Hoffnung und Neubeginn liegt diesem Brauch nach wie vor inne.

Neben diesem Brauch war und ist es eine alte Tradition, in der Adventszeit wintergrüne Zweige als Schmuck zu verwenden und sie in Wohnungen und Häuser zu holen. Sie sind ein Symbol für die Unzerstörbarkeit der Welt.

*„Der erste Schnee", Ludwig Richter.*

## Bauernregeln

- Herrscht im Advent recht strenge Kält', sie volle 18 Wochen hält.
- Fließt Nikolaus noch der Birkensaft, dann kriegt der Winter keine Kraft.
- Auf kalten Dezember mit tüchtigem Schnee folgt fruchtbar Jahr mit reichlich Klee.
- Bleibt im Dezember der Winter fern, so nachwintert es gern.
- Bringt Dezember Kälte ins Land, dann wächst das Korn selbst auf dem Sand.
- Dezember dunkel, nicht sonnig und klar, verheißt ein gutes fruchtbares Jahr, ein nasser macht es unfruchtbar.
- Dezember kalt mit Schnee, gibt Frucht auf jeder Höh'.
- Dezember mild und mit viel Regen ist für die Saat kein großer Segen.

*„Winter“, Ludwig Richter.*

## Das Radewiger Kohlfest

Die Radewig ist der älteste Stadtteil der Kreisstadt Herford. Die dortige evangelisch-lutherische Pfarrkirche trägt den Namen St. Jakobi, sie wird von Einheimischen aber auch häufig als Radewiger Kirche bezeichnet.

Die Ursprünge der jetzigen Kirche reichen bis in das 14. Jahrhundert zurück, es wird aber vermutet, dass es davor bereits einen anderen kirchlichen Bau an selber Stelle gegeben hat. Die Kirche hat eine für Westfalen eher ungewöhnliche Zwiebelturmhaube, die sie nach einem Brand im 18. Jahrhundert erhielt.

Bis ins 16. Jahrhundert gehörte die Kirche zu den Pilgerstätten der Jakobspilger, welche nach Santiago de Compostela reisten, um das Grab des hl. Jakobus zu besuchen. Noch heute zeugt eine große goldene Jakobsmuschel an der Außenfassade der Kirche von dieser Tradition. Eigentlich pilgerten die Gläubigen nach Herford, um die Marienkirche und die Münsterkirche zu besuchen. Erste hat ihren Ursprung in einer wunderbaren Vision, letzte bewahrte die Reliquien der heiligen Pusinna. Da in der Radewig der Marktplatz und Rastpunkt der Fernhändler lag, wurde hier eine Pilgerkirche errichtet, die den Jakobspilgern als Anlaufstelle galt. Vermutlich ist der jetzige Bau eine Vergrößerung einer ehemaligen Kapelle, nachdem der Jakobskult immer mehr Anhänger fand.

Die große Zahl der in die Stadt strömenden Pilger wurde allerdings von dieser als Belastung angesehen und der oberste Rat ließ 1530 die Kirche für die Pilger schließen. Ob es tatsächlich die Pilger waren, welche die Stadträte störten oder eher die Tatsache, dass diese zunehmend evangelisch wurden, muss dahingestellt bleiben. Diese Handlung hielt die Pilger zwar nur begrenzt ab, weiter nach Herford zu pilgern, hielt aber die Türen der Kirche für die nächsten 60 Jahre verschlossen. Erst am Donnerstag nach dem 1. Advent

1590 wurde das Gotteshaus wieder eröffnet und dient seitdem als evangelische Kirche.

Für dieses feierliche Ereignis sollte die Kirche geschmückt werden, doch zu dieser kalten Adventszeit gab es keine Blumen, mit der die Kirche für die Wiedereröffnung geschmückt werden konnte. Auch Tannengrün soll nicht zur Ausschmückung gedient haben können, da außergewöhnlich große Schneemassen es verhinderten, dieses Grün aus dem Wald zu holen. So behalfen sich die Menschen und verwendeten als Schmuck Braunkohl.

Einer anderen Sage nach sollen die Radewiger selbst um eine Wiedereröffnung ihrer Kirche gebeten haben, die bis dahin immer weiter verfiel. Zur Feier der Eröffnung sollen die Frauen des Viertels dann Grünkohl für ein Festessen gekocht haben.

Welche Geschichte nun auch mehr Wahrheitsgehalt haben mag, kann wohl nicht mehr eindeutig geklärt werden, aber bis heute wird aus dem einen oder dem anderen Grund, vielleicht auch aus beiden, am Donnerstag nach dem 1. Advent das Radewiger Kohlfest in der St. Jakobikirche in Herford gefeiert. Nach wie vor wird an diesem Tag ein Kirchfest zelebriert, zu dem ein Gottesdienst und ein Grünkohlessen gehören.

*Schneebedeckte Felder im Warburger Land.*

## Westfälischer Grünkohl

**Zutaten**

| | |
|---|---|
| 1 kg | frischer Grünkohl |
| 200 g | durchwachsener Speck |
| 4 | Mett- oder Kohlwürste |
| 4 | Scheiben Kasseler |
| 2 | große Zwiebeln |
| 6 EL | Haferflocken |
| | Gemüsebrühe |
| | Gänseschmalz |
| | Salz |
| | Pfeffer |

**Zubereitung**

Grünkohl waschen und kleinschneiden. Gänseschmalz in einem großen Topf erhitzen, den Speck darin anbraten und wieder herausnehmen. Nach und nach den Grünkohl in den Topf geben bis er zusammenfällt. Hinzu kommen dann der Speck, die fein gehackten Zwiebeln, die Würstchen, das Kasseler sowie die Gemüsebrühe. Mit Salz und Pfeffer kräftig würzen und anschließend ca. 60 Minuten bei geschlossenem Deckel köcheln lassen. Kurz vor dem Ende der Garzeit die Haferflocken unterrühren.
Dazu serviert man Salz- oder Bratkartoffeln.

**Zubereitungszeit:** ca. 75 Minuten

## Der goldene Schlüssel

Brüder Grimm

Zur Winterszeit, als einmal tiefer Schnee lag, musste ein armer Junge hinausgehen und Holz auf einem Schlitten holen. Wie er es nun zusammengesucht und aufgeladen hatte, wollte er, weil er so erfroren war, noch nicht nach Haus gehen, sondern erst Feuer anmachen und sich ein bisschen wärmen. Da scharrte er den Schnee weg; und wie er so den Erdboden aufräumte, fand er einen kleinen goldenen Schlüssel. Nun glaubte er, wo der Schlüssel wäre, müsste auch das Schloss dazu sein, grub in der Erde und fand ein eisernes Kästchen.

„Wenn der Schlüssel nur passt!", dachte er, „es sind gewiss kostbare Sachen in dem Kästchen." Er suchte, aber es war kein Schlüsselloch da. Endlich entdeckte er eins, aber das war so klein, dass man es kaum sehen konnte. Er probierte und der Schlüssel passte glücklich. Da drehte er einmal herum, und nun müssen wir warten, bis er vollends aufgeschlossen und den Deckel aufgemacht hat: Dann werden wir erfahren, was für wunderbare Sachen in dem Kästchen lagen.

## Bratäpfel

**Zutaten (für 4 Portionen)**

| | |
|---|---|
| 4 | grosse Äpfel |
| | Zitronensaft |
| 200 g | weiche Butter |
| 4 EL | gehackte Mandeln |
| 4 EL | Rosinen |
| 2 EL | Puderzucker |
| 2 TL | Zimt |

**Zubereitung**

Den Ofen auf 220°C vorheizen.

Das Kerngehäuse aus den Äpfeln entfernen und die Früchte innen mit Zitronensaft beträufeln – so werden sie nicht braun.

Butter, Mandeln und Rosinen verrühren und mit Puderzucker, Zimt und Zitronensaft abschmecken.

Die Buttermasse in die Äpfel füllen und diese in eine Auflaufform setzen, in den Ofen schieben und ca. 40 Minuten braten. Nach der Hälfte der Bratzeit eventuell mit Alufolie abdecken, damit die Äpfel nicht verbrennen.

Die Bratäpfel mit der zerlaufenen Butter aus der Auflaufform begießen, auf Tellern anrichten und sofort servieren – am besten mit Vanilleeis.

**Zubereitungszeit:** ca. 1 Stunde

## Bauernregeln

- Dezemberwärme hat Eis dahinter.
- Donnert's im Dezember gar, kommt viel Wind das nächste Jahr.
- Ein dunkler Dezember bringt ein gutes Jahr, ein nasser aber macht es unfruchtbar.
- Es folget allezeit und immerdar auf kalten Dezember ein fruchtbar' Jahr.
- Bricht der Spatz in Pfützen ein, wird's ein milder Christmond sein.
- Grauhäslein im tiefen Dezemberschnee labt sich zu Ostern am grünen Klee.
- Je dunkler es überm Dezemberschnee war, desto mehr leuchtet Segen im künftigen Jahr.

*Winterlandschaft im Kreis Höxter.*

## Der Nikolaustag am 6. Dezember

Im 4. Jahrhundert lebte in Myra, einer Stadt in der heutigen Türkei, ein Bischof namens Nikolaus. Dieser war sehr wohltätig und half besonders den Armen.

Ursprünglich war der Nikolaustag in Westfalen der Tag, an dem die Geschenke überreicht wurden. Diese Tradition verlagerte sich um 1900 aber auf die Weihnachtstage. Die Geschenke, die es meist nur für die Kinder gab, fielen wesentlich geringer aus als heute, was der Freude darüber aber keinen Abbruch tat. Die Kinder stellten meist einen Teller auf, welcher dann mit Äpfeln, Nüssen und Gebäck gefüllt wurde. Meist gab es noch etwas zum Anziehen, Socken, einen Schal oder ähnliches und vielleicht auch ein wenig Spielzeug. Das Spielzeug war meist von den Eltern selbst gefertigt worden. Die Mädchen bekamen kleine Stoffpüppchen und die Jungen etwas aus Holz gefertigtes.

Es war durchaus üblich, dass Sünte Kläsken, der Nikolaus, beziehungsweise ein als Nikolaus verkleideter Mann, in die Stuben kam und die Kinder besuchte. Häufig war er noch in Begleitung des Knechts Ruprecht, welcher den unartigen Kindern einen ordentlichen Schrecken einjagen sollte. Obwohl der Nikolaus anfangs durchaus noch mit einer Rute ausgestattet war, wurde diese nur äußerst selten zur Drohung benutzt, um den Kindern nicht gar einen zu dollen Schrecken einzujagen. Allerdings war es durchaus üblich, dass die Kinder ein Gedicht aufsagten, ein Gebet sprachen oder ein Lied sangen und dabei gehörigen Respekt vor dem Nikolaus hatten.

Im Laufe der Jahrzehnte ist die Figur Nikolaus immer freundlicher geworden. Vielfach wird er heute ganz ohne Rute dargestellt, und auch sein Begleiter Knecht Ruprecht tritt immer weniger in Erscheinung.

Ein bis heute sehr beliebtes Nikolausgebäck ist der Stutenkerl. Er wird aus einem Hefeteig hergestellt, mit Augen und Knöpfen aus Rosinen versehen und meist mit einer Tonpfeife verziert.

## Stutenkerle

**Zutaten für 6–8 Stück**

| | |
|---|---|
| 500 g | Mehl |
| 5 g | Hefe |
| 50 g | Zucker |
| 1 Ei + 1 Ei | zum abstreichen |
| 100 g | weiche Butter |
| 125 ml | Milch |
| | eine Prise Salz |

**Zubereitung**

Nach und nach die Zutaten vermischen und den Teig mindestens dreißig Minuten stehen lassen. Danach aus einem Stück ein Männchen mit angedeuteten Armen und Beinen formen, etwas größer als handgroß. Rosinen als Knöpfe und Augen in den Teig drücken und nach Belieben eine kleine Tonpfeife ergänzen. Anschließend die Oberseite mit Ei abstreichen. Etwa 15 Minuten bei 170 Grad backen.

**Zubereitungszeit:** ca. 1 Stunde

## *Nikolaus, o Nikolaus*

Volksmund

*Nikolaus, Nikolaus pack die Tasche aus,*
*dass ich immer artig war, weiß jeder hier im Haus.*
*Ich bin ein braves Kind, das weißt du doch bestimmt,*
*hör' immer zu, wenn Mutti spricht und ärgere sie nicht.*
*Meinem Schwesterlein stell ich nie ein Bein,*
*ich nehme ihr kein Spielzeug weg, das wäre ja gemein.*

*Ja, Nikolaus, Nikolaus pack die Tasche aus,*
*dass ich immer artig war, weiß jeder hier im Haus.*
*Ich bin so lieb und nett, geh abends brav ins Bett,*
*ich mach sofort die Augen zu und gebe dann auch Ruh.*
*So artig wie ich war, bleib ich im nächsten Jahr,*
*der Nikolaus greift in seinen Sack und lacht ganz laut „Haha".*

*„Knecht Ruprechts Ankunft", Ludwig Richter.*

## *St. Niklas*

Volksmund

*Gott grüß' euch, liebe Kinderlein,*
*ihr sollt Vater und Mutter gehorsam sein,*
*so soll euch was schönes bescheret sein.*
*Wenn ihr aber dasselbige nicht tut,*
*so bring' ich euch den Stecken und die Rut'.*

*„Knecht Ruprecht, Kind und Hündchen", Ludwig Richter.*

## ***Lasst uns froh und munter sein***

ALTES VOLKSLIED

*Lasst uns froh und munter sein*
*und uns recht von Herzen freu'n!*
*Lustig, lustig, traleralera!*
*Bald ist Niklausabend da,*
*bald ist Niklausabend da!*

*Dann stell' ich den Teller auf,*
*Niklaus legt gewiss was drauf.*
*Lustig, lustig, traleralera!*
*Bald ist Niklausabend da,*
*bald ist Niklausabend da!*

*Wenn ich schlaf', dann träume ich:*
*Jetzt bringt Niklaus was für mich.*
*Lustig, lustig, traleralera!*
*Bald ist Niklausabend da,*
*bald ist Niklausabend da!*

*Wenn ich aufgestanden bin,*
*lauf' ich schnell zum Teller hin.*
*Lustig, lustig, traleralera!*
*Bald ist Niklausabend da,*
*bald ist Niklausabend da!*

*Niklaus ist ein guter Mann,*
*dem man nicht genug danken kann.*
*Lustig, lustig, traleralera!*
*Bald ist Niklausabend da,*
*bald ist Niklausabend da!*

*„Knecht Ruprecht verlässt die Stube", Ludwig Richter.*

*„Der Wintergast“, Ludwig Richter.*

## Die Lebkuchenstadt Borgholzhausen

Borgholzhausen liegt direkt am Hang des Teutoburger Waldes, am Fuße der historischen Ravensburg. Gerade in der Vorweihnachtszeit ist diese Kleinstadt im Ravensberger Land besonders beliebt, wird sie weithin doch als die Lebkuchenstadt oder die Honigkuchenstadt bezeichnet. Bereits vor fast 300 Jahren siedelten sich in Borgholzhausen die ersten Honigkuchenbäcker an. Ihre Rezepte sollen bis heute von Generation zu Generation weitergegeben worden sein und ansonsten streng geheim bleiben. Schnell waren ihre Backwerke auch in der nahen Umgebung sehr beliebt und wurden auf Märkten verkauft. Dazu zogen die Lebkuchenmacher anfangs noch mit einer Kiepe, einem geflochtenen Korb, los, um ihre Waren anzubieten.

Lebkuchen gibt es mindestens seit dem 14. Jahrhundert. Im althochdeutschen heißt „leb" soviel wie heil, heilen oder Heilmittel. Besonders in der Weihnachtszeit wurden die in Klöstern angebauten Kräuter und Gewürze in kleines Gebäck eingearbeitet. Dieses versprach dann eine besondere Heilwirkung.

Wenngleich auch heute nur noch eine Lebkuchenfabrik in Borgholzhausen ansässig ist, ist es immer noch ein besonderes Erlebnis, wenn der verführerische Duft von Zimt, Muskat, Ingwer, Nelken und Koriander über der Stadt liegt.

## Der Nussknacker

August Heinrich Hoffmann von Fallersleben

*Nussknacker, du machst ein grimmig Gesicht –*
*Ich aber, ich fürchte vor dir mich nicht:*
*Ich weiß, du meinst es gut mit mir,*
*Drum bring ich meine Nüsse dir.*
*Ich weiß, du bist ein Meister im Knacken:*
*Du kannst mit deinen dicken Backen*
*Gar hübsch die harten Nüsse packen*
*Und weißt sie vortrefflich aufzuknacken.*
*Nussknacker, drum bitt ich dich, bitt ich dich,*
*Hast bessere Zähn als ich, Zähn als ich.*
*O knacke nur, knacke nur immerzu!*
*Ich will dir zu Ehren*
*Die Kerne verzehren.*
*O knacke nur, knack knack knack! immerzu!*
*Ei, welch ein braver Kerl bist du!*

*Ein überdimensionaler Nussknacker.*

## Posaunenengel

Das Wort Engel ist dem Lateinischen und Griechischen entnommen und bedeutet soviel wie Boten. Die Engel sind aber nicht nur Boten Gottes, sondern auch Beschützer des Menschen. Aus der Weihnachtsgeschichte sind die Engel nicht wegzudenken. War es doch auch ein Engel, welcher die Geburt Christi, des Heilands, verkündete (Lukas 2, 9–13). So wurde der Engel zum Friedens- und Freudenbringer. Gerade in der Landbevölkerung waren Engel stets wichtige Figuren. Geschnitzte und gemalte Engel finden sich auf bäuerlichen Möbeln ebenso wie auf Torbögen und weiteren Hausverzierungen. Eine besondere Form dieser Volkskunst ist der westfälische Posaunenengel.

Posaunenengel, auch Tuba- oder Musikengel genannt, finden sich bereits auf sehr alten christlichen Darstellungen. Anders als die sonst üblichen Darstellungen dieser Engel, haben die westfälischen Posaunenengel spezielle Eigenarten. Sie sind häufig unbekleidet oder in einem dünnen Gewand dargestellt und haben auffallend dünne Arme und Beine. Sie halten ein Musikinstrument in den Händen, vielfach halten sie es auch spielend an den Mund. Bei einigen nach 1900 entstandenen Engeln wurde das Musikinstrument auch weggelassen, ansonsten gleichen sie aber in ihrer Form und ihrem Aussehen den westfälischen Posaunenengeln. Die Engel sind meist seitlich dargestellt, während ihre Gesichter ganz zu sehen sind. Auf dem Rücken haben sie ebenfalls verhältnismäßig kleine Flügel, welche sie erst als Engel identifizieren. Meist sind die westfälischen Posaunenengel umgeben von weiteren Symbolen, teils mit christlichem Hintergrund, teils mit anderen volkstümlichen, mitunter auch abergläubischen Wurzeln. Nicht immer sind diese Symbole heute noch vollständig zu entschlüsseln.

Der Torbogen am Deelentor war das Prunkstück jedes Bauernhauses. Hier finden sich seit jeher die reichlichsten und üppigsten Verzierungen. Etwa seit 1800 taucht die Figur des westfälischen

Posaunenengels als Hausschmuck im Minden-Ravensberger Raum auf.

Besonders im Herforder Raum, aber auch andernorts, finden sich in Ostwestfalen-Lippe heute noch einige dieser Posaunenengel als Verzierung an Torbögen oder Giebeln alter Bauernhöfe. Einige der Engeltorbögen stehen heute unter Denkmalschutz.

*„Wenn's schneit", Ludwig Richter.*

## Winterpunsch

**Zutaten**

| | |
|---|---|
| 1 l | guter Rotwein |
| 500 ml | kräftiger Weisswein |
| 100 g | brauner Zucker |
| 5 | Zitronen |
| 500 ml | frisch gebrühter, starker schwarzer Tee |
| | Zimtrinde |
| 500 ml | Arrak (Palmwein) |

**Zubereitung**

Die Weine in einem Topf mischen, den Zucker darin auflösen.
4 Zitronen auspressen und den Saft hinzufügen.
Den frisch gebrühten schwarzen Tee, die Zimtrinde und den Arrak dazugeben.
Anschließend den Topf auf die heiße Herdplatte stellen und den Punsch bis kurz vor den Siedepunkt erhitzen. Dann schnell sieben, mit einer Kelle in Gläser schöpfen und mit einer Scheibe Zitrone dekorieren.

**Zubereitungszeit:** ca. 15 Minuten

*Ein typischer Anblick in den Wintermonaten: Eiszapfen an Hausdächern.*

*Auch der Adventskranz geht mit der Mode. Seine Beliebtheit hat in den vergangenen mehr als 100 Jahren immer weiter zugenommen.*

## *Punschlied*

Friedrich Schiller

*Vier Elemente, innig gesellt,*
*bilden das Leben, bauen die Welt.*
*Presst der Zitrone saftigen Stern!*
*Herb ist des Lebens innerster Kern.*
*Jetzt mit des Zuckers linderndem Saft*
*zähmet die herbe brennende Kraft!*
*Gießet des Wassers sprudelnden Schwall!*
*Wasser umfänget ruhig das All'.*
*Tropfen des Geistes gießet hinein!*
*Leben dem Leben gibt er allein.*

### Bauernregeln

- Dezember veränderlich und lind, der ganze Winter wird ein Kind.
- Steigt Rauch aus den gefrorenen Flüssen, ist auf lange Kält' zu schließen.
- Viel Wind und Nebel in Dezembertagen, schlechten Frühling und schlechtes Jahr ansagen.
- Weißer Nebel im Winter, da ist Frost dahinter.
- Je tiefer der Schnee, umso höher der Klee.
- Wie der Dezember, so der Lenz.
- Der Frost soll klirren, dann macht der Sommer kein Wirren.

„Viele Eicheln im September, viel Schnee im Dezember", lautet eine alte Bauernregel. Diese hat einen wahren Hintergrund, denn wenn ein strenger Winter droht, müssten sich die Eichhörnchen einen besonders großen Vorrat anlegen – dafür sorgt die Natur.

Doch tatsächlich lässt die Zahl der Eicheln nur auf das vergangene Wetter schließen. Damit es viele Eicheln gibt, muss der Baum schon im Herbst des Vorjahres viele Blütenansätze gebildet haben. Außerdem muss er gut über den Frühling gekommen sein. Schlüsse auf den kommenden Winter lassen sich aus der Menge der Eicheln also nicht wirklich ziehen.

„Schlitten", Ludwig Richter.

*Ein klassischer Holzschlitten.*

### Der Thomastag am 21. Dezember

*Um nicht tot zu hungern, muss in der St.-Thomas-Nacht viel gegessen und getrunken werden. Es werden große Kuchen aus Buchweizen und Kartoffeln gebacken. Auch Buttern kann man in dieser Nacht. In die Buttermilch soll ein Teil des Kuchens gebrochen werden, der andere Teil wird mit der fertigen Butter bestrichen. Anschließend wird beides gegessen.*

*(nach Kuhn 1859)*

Thomas war ein Jünger Jesu. Er verlangte nach dessen Auferstehung einen handfesten Beweis für dieses Wunder, woraufhin Jesus ihn aufforderte, seine Wundmale zu berühren. Da soll er die göttliche Natur Christi erkannt haben.

Es ranken sich viele Geschichten und Legenden um diesen Apostel, welcher im Auftrag des Christentums weit gereist ist. Eine besagt, er habe selbst die Heiligen Drei Könige getroffen, sie getauft und zu Bischöfen gemacht.

Der 1970 eingeführte Römische Kalender hat den Thomastag auf den 3. Juli verlegt, den Tag, an dem seine Gebeine nach Edessa überführt wurden. Traditionell ist und bleibt aber der 21. Dezember sein Feiertag. Auch das Weihnachtsschwein wurde an diesem Tag geschlachtet.

Ursprünglich ist dieser Tag der Tag der Wintersonnenwende und damit der kürzeste Tag des Jahres. Da es somit auch die längste Nacht des Jahres ist, verwundert es nicht, dass auch mit der Thomasnacht viele Bräuche einhergehen. Eine alte Sitte besagt, dass ein heiratswilliges Mädchen in der Thomasnacht ins Wasser schauen soll, denn dann erblickt sie ihren zukünftigen Bräutigam in diesem.

Ein altes Sprichwort lautet: *Ab dem Thomastag wächst jeder Tag um einen Hahnenschrei.*

Wer an diesem Tag als letzter aus dem Bett kommt, ist der „Thomasesel". Derjenige wird das ganze kommende Jahr „Langenschlöper Ulenkopp" genannt und verspottet. Vielerorts ist dieser Brauch aber heute in Vergessenheit geraten.

## Der Adventskranz

Der Adventskranz war bereits in der Antike als Siegeszeichen bekannt. Noch heute ist der mit vier Kerzen geschmückte Adventskranz ein Symbol der Christen gegen das Dunkle des Lebens. Wer jedoch denkt, der Adventskranz, der heute in fast jedem Haushalt zu finden ist, wäre schon immer fester Bestandteil der heimischen Weihnachtsdekoration gewesen, irrt, denn tatsächlich ist dieser Brauch noch gar nicht so alt. Noch zu Beginn des 20. Jahrhunderts war der Adventskranz in kaum einer deutschen Familie bekannt.

Die Tradition des Adventskranzes nahm ihren Anfang durch den evangelischen Theologen Johann Heinrich Wichern (1808–1881), in dessen Hamburger Anstalt der Inneren Mission schon ab Mitte des 19. Jahrhunderts die ersten Adventsleuchter brannten. Aus Wicherns Tagebüchern geht hervor, dass er bereits am 1. Advent 1838 bunte Wachskerzen kranzförmig aufstellte, in den Folgejahren wurde in seiner Inneren Mission täglich auf dem Kronleuchter des Betsaales ein Licht mehr angezündet. 1851 wird auch von einem Schmuck mit Tannengrün berichtet.

In der Folge wollten immer mehr Menschen einen solch schönen Adventskranz auch in der heimischen Stube haben. Nach und nach verbreitete sich der Adventskranz von Norddeutschland weiter, in den Jahren nach dem Ersten Weltkrieg war es besonders die Jugendbewegung, die dem Kranz zu seiner heutigen Verbreitung verhalf. Heute gibt es kaum ein Haus oder eine Wohnung, keine Kirche oder öffentliche Einrichtung, in der es keinen Adventskranz gibt. Da jedoch kaum jemand Platz für einen Kranz mit 24 Kerzen hat, verfügen diese nur noch über vier Kerzen, eine für jeden Sonntag im Advent. Die Adventszeit ohne Adventskranz können sich heute nur noch wenige Menschen vorstellen.

## Zimtsterne

**Zutaten (für 60 Zimtsterne)**

| | |
|---|---|
| 4 | Eier |
| 500 g | Puderzucker |
| 30 g | gemahlener Zimt |
| 1 ½ EL | Zitronensaft |
| 550 g | fein gemahlene Mandeln |
| | Zucker (optional) |

**Zubereitung**

Die Eier trennen und das Eiweiß steif schlagen.

Den Puderzucker langsam in das Eiweiß sieben, dabei schlagen, bis die Masse schön glänzt und steif ist. 5 EL davon für die Glasur (zugedeckt) beiseite stellen.

Dann Zimt, Zitronensaft und die Mandeln unter den restlichen Eischnee heben und die Masse zu einer Kugel formen.

In Butterpapier oder Folie wickeln und 1 Stunde kaltstellen.

Den Teig dann ca. 1 Zentimeter dick auf Zucker oder zwischen Backpapier ausrollen.

Sterne ausstechen und auf ein gefettetes oder mit Backpapier ausgelegtes Backblech legen. Jeden Stern mit dem zurückbehaltenen Eiweiß bestreichen. Vor dem Backen möglichst nochmals kühlen.

Dann im vorgeheizten Backofen bei 250°C ca. 5–10 Minuten backen, bis der Teig leicht Farbe annimmt. Auf dem Blech abkühlen lassen.

**Zubereitungszeit:** ca. 1,5 Stunden

### Bauernregeln

- Der Winterschnitt wird durchgeführt, nur nicht, wenn Stein und Bein gefriert.
- Wenn's nicht wintert, sommert's auch nicht.
- Dezember ohne Schnee tut erst im Märzen weh.
- Dezember kalt mit Schnee tut dem Ungeziefer weh.
- Dezember kalt mit Schnee – niemand sagt: „Oh weh".
- Dezember warm – Gott erbarm!

*„Befiehl dem Herrn deine Wege", Ludwig Richter.*

## *Winterwald*

Friedrich Wilhelm Weber

*Winterwald im Sonnenglanze,*
*Reich an Silber und Demanten,*
*Die an jedem Zweige blitzen,*
*Die auf jeder Knospe brannten.*

*Rings ein Glimmern und ein Glühen,*
*Gleich als wollten eitle Zwerge*
*Einmal zum Verwundern zeigen*
*All den Reichtum ihrer Berge;*

*All den Hort geheimer Schätze,*
*Die sie rastlos schürften, scharrten:*
*Winterwald im Sonnenglanze,*
*Schöner als ein Frühlingsgarten.*

*Geheimnisvolle Winterlandschaft im Paderborner Land.* ▶

*„Christmarkt“, Ludwig Richter.*

# 2.

# Die Weihnachtszeit

## Der Honigkuchenmann

AUGUST HEINRICH HOFFMANN VON FALLERSLEBEN

*Keine Puppe will ich haben –*
*Puppen geh'n mich gar nichts an.*
*Was erfreu'n mich kann und laben,*
*Ist ein Honigkuchenmann,*
*So ein Mann mit Leib und Kleid*
*Durch und durch von Süßigkeit.*

*Stattlicher als eine Puppe,*
*Sieht ein Honigkerl sich an,*
*Eine ganze Puppengruppe,*
*Mich nicht so erfreu'n kann.*
*Aber seh ich recht dich an,*
*Dauerst du mich, lieber Mann.*

*Denn du bist zum Tod erkoren –*
*Bin ich dir auch noch so gut,*
*Ob du hast ein Bein verloren,*
*Ob das andre weh dir tut:*
*Armer Honigkuchenmann,*
*Hilft dir nichts, du mußt doch dran!*

## Weihnachtsmärkte

Die heutigen Weihnachtsmärkte sind ursprünglich aus Messen und Märkten entstanden, auf denen Händler einst ihre Waren anboten. Häufig fand dies auf den Marktplätzen der Städte statt, in den kalten Wochen des Jahres aber auch auf den Kirchhöfen, da die Händler bei zu frostigen Temperaturen mancherorts in die Seitenschiffe der Kirchen ausweichen durften.

Bis heute finden Weihnachtsmärkte auf den Markt- oder Kirchplätzen der Städte statt. Charakteristisch sind die vielen kleinen Buden, die häufig kleinen Holz- oder Fachwerkhäusern nachempfunden sind. In ihnen werden warme Getränke und Speisen, Süßwaren, regionale Spezialitäten, heimische Produkte, Kunsthandwerk und kleine Spielzeuge angeboten.

Besonders in den Abendstunden, wenn sich die Lichter von der Dunkelheit abheben und die vielen Düfte in der Luft liegen, haben diese Märkte eine ganz besondere Atmosphäre.

## Bielefelder Weihnachtsmarkt

Der Bielefelder Weihnachtsmarkt lockt alljährlich tausende Besucher in die Innenstadt. Auf dem Jahnplatz, dem Alten Markt oder dem Altstädter Kirchplatz sorgen mehr als 100 liebevoll dekorierte Häuschen und Stände für eine ganz besondere weihnachtliche Atmosphäre. Das vielfältige Angebot an Speisen, Kunsthandwerk und Geschenken bietet etwas für jeden Geschmack und erfreut Groß und Klein gleichermaßen. Zahlreiche musikalische Darbietungen runden das Angebot ab und stimmen die Besucher auf die schönsten Tage des Jahres ein.

*Ein typischer Stand auf dem Bielefelder Weihnachtsmarkt.*

*Leuchtende Kinderaugen auf dem Bielefelder Weihnachtsmarkt.*

## Herforder Weihnachtslicht

Das Herforder Weihnachtslicht, das traditionell am Montag vor dem 1. Advent eröffnet wird, verwandelt die Innenstadt jedes Jahr wieder in ein buntes Lichtermeer. Gleich auf fünf Plätzen in der Innenstadt kann man die romantische Atmosphäre mit einem breiten Angebot an kulinarischen Spezialitäten und weihnachtlicher Handwerkskunst genießen.

## Detmolder Weihnachtsmarkt

Die lippische Landeshauptstadt Detmold lädt ab Ende November tausende Besucher zum traditionellen Weihnachtsmarkt in die malerische Altstadt ein. Die liebevoll gestalteten Buden animieren die Besucher, lippische Spezialitäten zu verköstigen und nach Geschenken und sonstigen weihnachtlichen Mitbringseln Ausschau zu halten. Einer der Höhepunkte des Marktes ist die künstlich angelegte Eisbahn, die bei Jung und Alt gleichermaßen beliebt ist.

## Lemgo – Kläschenmarkt

Der Kläschenmarkt in Lemgo findet jährlich bereits am ersten Wochenende im Dezember statt. Seine Tradition geht bis in das Jahr 1365 zurück. Hier gibt es neben einer langen Budenstraße, welche sich durch die Stadt zieht, auch ein großes Angebot an Fahrgeschäften. In der Region wird der Markt nur Kläschen genannt. Kläschen vereint Weihnachtsmarkt, Kirmes und Jahrmarkt. Es ist das größte Fest der alten Hansestadt Lemgo.

## Bad Salzufler Weihnachtstraum

In der historischen Altstadt Bad Salzuflens findet den ganzen Dezember über ein Weihnachtsmarkt statt, der einige Besonderheiten zu bieten hat. Inmitten eines Budenringes steht die höchste Weihnachtspyramide der Region und strahlt über den Markt hinaus. Ein Krippenhaus wird durch ein Kaminfeuer beheizt, während Kunsthandwerkern dort über die Schulter geschaut werden kann. Außerdem können Kinder und Erwachsene dort lebende Tiere im Stall bewundern. Für viele Menschen in der Region ist es Tradition, diesen Weihnachtsmarkt am 26. Dezember zu besuchen.

## Wiedenbrücker Christkindlmarkt

Einer der schönsten Weihnachtsmärkte in der Region findet in Wiedenbrück statt. Der Markt, welcher Christkindlmarkt genannt wird und den ganzen Dezember über andauert, lebt von dem besonderen Flair der Wiedenbrücker Häuserkulisse und des historischen Marktplatzes, auf dem er stattfindet. Inmitten des Marktes befindet sich ein großer, hell erleuchteter Weihnachtsbaum. Der Markt, die zu Gassen arrangierten Fachwerkbuden und die historischen Giebel der Fachwerkhäuser in der Altstadt leuchten in unzähligen Lichtern. Das wunderschöne, historische Kinderkarussell lässt nicht nur Kinderaugen strahlen.

*Bunter Lichterglanz ist typisch für die Weihnachtsmärkte der Region.*

## Mindener Weihnachtsmarkt

Auf dem malerischen Marktplatz in der Mindener Innenstadt laden zahlreiche Verkaufsstände dazu ein, bei Glühwein, Feuerzangenbowle, leckeren Speisen und weihnachtlichen Backwaren zu verweilen. Wer Weihnachtsartikel oder handwerklich hergestellte Weihnachtsprodukte bestaunen oder erstehen möchte, wird hier ebenfalls fündig. Da der Mindener Weihnachtsmarkt erst nach Weihnachten wieder geschlossen wird, kann man auch während der Festtage die tolle Atmosphäre genießen.

## Paderborner Weihnachtsmarkt

Der Paderborner Weihnachtsmarkt findet alljährlich auf dem Dom- und Marktplatz vor historischer Kulisse statt. Der Startschuss fällt traditionell immer am Mittwoch nach Totensonntag, der Markt endet am 23. Dezember. Rund um den illuminierten Dom und das historische Rathaus bietet sich den Bewohnern und Besuchern der Stadt in dieser Zeit ein ganz besonderer Anblick. Die Marktbeschicker in den zahlreichen Häuschen und Buden bieten neben allerlei kulinarischen Köstlichkeiten und traditionellen Heißgetränken auch unzählige Weihnachtsartikel an. Die lebendige Krippe vor der Marktkirche, das Paderborner Pferdekarussell und die einmalige Sternengasse zwischen Rathaus und Dom sind nur einige der zahlreichen Höhepunkte in der wunderschön beleuchteten Innenstadt.

*„Der Christmarkt“, Ludwig Richter.*

## Weitere Weihnachtsmärkte mit besonderer Atmosphäre:

Der Weihnachtsmarkt, Museumsadvent genannt, im **Freilichtmuseum Detmold** findet vor der Kulisse historischer Fachwerkbauten im Paderborner Dorf statt, das auf dem Museumsgelände zu Fuß oder stilecht in einer Pferdekutsche erreicht werden kann. Im Museumsadvent kann sich der Besucher in die vorweihnachtliche Zeit um 1900 zurückversetzen lassen.

Der Weihnachtsmarkt auf dem Innenhof des Wasserschlosses **Tatenhausen** lockt seit einigen Jahren zahlreiche Besucher in den Kreis Gütersloh. Das Schloss, im Tatenhauser Wald bei Halle gelegen, wird bereits Ende des 15. Jahrhunderts erstmals urkundlich erwähnt. Besonders bei Schnee hat dieser Markt seine ganz eigene Atmosphäre.

Der einzige Unter-Tage-Weihnachtsmarkt der Region findet im Besucherbergwerk **Kleinenbremen** bei Porta Westfalica statt. In den Grubenräumen des Bergwerks wird der Besuch zu einem ganz besonderen Erlebnis mit unvergleichlichen Eindrücken.

Der Adventszauber auf dem liebevoll geschmückten **Schloss Corvey** ist ideal für alle, die Freude daran haben, ausgewählten Kunsthandwerkern bei ihrer faszinierenden Arbeit über die Schulter zu schauen. Die barocke Abteikirche ist darüber hinaus der ideale Ort für alle, die inmitten des Weihnachtstrubels eine Rückzugsmöglichkeit für einen besinnlichen Moment suchen.

## *Krippenlied*

LUISE HENSEL

*Was ist das doch ein holdes Kind,*
*Das man hier in der Krippe find't?*
*Ach, solch ein süßes Kindelein,*
*Das muß gewiß vom Himmel sein.*

*Die Frau, die bei der Krippe kniet*
*Und selig auf das Kindlein sieht,*
*Das ist Maria, hehr und rein;*
*Ihr mag recht wohl im Herzen sein.*

*Der Mann, der zu der Seite steht*
*Und still hinauf zum Himmel fleht,*
*Das muß der fromme Joseph sein,*
*Der thut sich auch des Kindleins freun.*

*„Christkindleins Wiegenlied", Ludwig Richter.*

*Und was dort in der Ecke liegt*
*Und nach dem Kindlein schaut vergnügt,*
*Ein Oechslein und ein Eselein,*
*Das mögen gute Thierlein sein.*

*Und die dort kommen fromm und gut*
*Mit langem Stab und rundem Hut,*
*Das ist der Hirten fromme Schaar,*
*Die bringen ihre Gaben dar.*

*Und was den Stall so helle macht*
*Und was so lieblich singt und lacht,*
*Das sind die lichten Engelein,*
*Die schau'n zu Thür und Fenster ein.*

*Und die dort kommen ganz von fern*
*Und gläubig schauen nach dem Stern,*
*Das sind der heil'gen Kön'ge drei*
*Mit Weihrauch, Gold und Spezerei.*

*Und ob dem Hüttlein flammt ein Stern,*
*Der leuchtet nah und leuchtet fern,*
*Er scheinet auch durch unsre Zeit*
*Und leuchtet bis in Ewigkeit.*

*Sei hochgelobt, du dunkle Zell'!*
*Durch dich die ganze Welt wird hell.*
*Klein Kindlein in der Jungfrau Schooß,*
*Wie bist Du so unendlich groß!*

## Das Weihnachtsfest

Früher war das Weihnachtsfest, ebenso wie bereits die Adventszeit, vor allem die Zeit der Ruhe, der Stille und der Häuslichkeit. Eine besondere Bedeutung kam dem Essen an Weihnachten zu. Da das tägliche Essen meist wenig Abwechslung bot, freute man sich auf den Festschmaus besonders. Ganz typisch war der Bratapfel, welcher wirklich aus jeder Stube duftete, da sich diese Leckerei auch die ärmeren Menschen leisten konnten. Je nach Wohlstand wurde der warme Apfel mit Zimt, Vanille, Sahne, Schaumsoße, Nüssen, Marmelade und Marzipan garniert.

Meistens wurde um Sünte Märten, also um den Martinstag herum, ein Schlachtfest gefeiert, bei dem die Schweine dann ihr Leben lassen mussten. Die Erzeugnisse reichten in der Regel bis Mariä Lichtmess am 2. Februar, wobei für Weihnachten ein paar besonders schöne Stücke aufgehoben wurden. In Westfalen ist bis heute der Weihnachtsschinken eine echte Delikatesse. Wohlhabende Bauern hoben sich extra für die Festtage noch ein Weihnachtsschwein auf, welches um den Thomastag herum geschlachtet wurde und ein reichliches Festessen für die kommenden Tage abgab.

Ein weiterer beliebter Brauch ist die Zubereitung und der Verzehr einer ganzen Pute oder besonders einer Gans zu Weihnachten. Dieser Brauch ist sowohl in Westfalen als auch im Lipperland bekannt und beliebt. Ursprünglich war es einmal Brauch, am Martinstag die Martinsgans zuzubereiten. Vermutlich hat sich dieser Brauch auf das Weihnachtsfest verlagert.

Das Singen von Weihnachtsliedern ist seit jeher ein fester Bestandteil der Advents- und Weihnachtszeit. Es gab ganz verschiedene Formen des Adventssingens- und /oder -blasens, welche regional starke Unterschiede aufwiesen und heute nur noch sehr selten in alter Form praktiziert werden.

Ein alter Brauch ist das Weihnachtssingen in der Heiligen Nacht. Vorwiegend war dieser Brauch in katholischen Gebieten bekannt. Nach dem zwölften Glockenschlag wurde der Eintritt des Festes mit einem frommen Lied begrüßt. Die Hausangestellten trafen sich dafür vor den Türen. Ein ganz ähnlicher Brauch ist auch für das Osterfest bekannt.

Weihnachtslieder haben ihren Ursprung in der mittelalterlichen Liturgie des Weihnachtsfestes, bei der ein Teil gesungen wurde. Der Priester sang einst bei der Liturgie lateinische Lieder. Nicht zuletzt Martin Luther war ein eifriger Verfechter, die Kirchenbesucher verstärkt in das Singen mit einzubeziehen. Er schrieb viele deutsche Liedtexte, welche leicht mitgesungen werden konnten. Einige sind bis heute gern gesungene Lieder. So entwickelte sich diese Tradition immer stärker und ist bis heute ein beliebter Brauch.

In einigen wenigen Gemeinden ist es heute noch üblich, am 24. Dezember vom Kirchturm herab zu singen. Begleitend werden dazu Laternen in alle vier Himmelsrichtungen geschwungen. Dies ist eine bildliche Umsetzung des Christkindwiegens.

Es sind zwei Formen des Christkindwiegens bekannt. In Ostwestfalen-Lippe war das Christkindwiegen besonders im katholisch geprägten Raum rund um Paderborn und Höxter ein beliebter Brauch. Der Tradition nach wird in der heiligen Nacht das Christkind in den Schlaf gewiegt. Dies kann musikalisch erfolgen oder in darstellender Form. Hierzu spielen und singen die Musiker vom Kirchturm herab. Die musikalische Form des Christkindwiegens wird auf die Pestzeit zurückgeführt, in der große Menschenansammlungen tunlichst vermieden wurden, und die Lieder darum nicht gemeinsam gesungen wurden, sondern praktisch über den Köpfen der Menschen hinweg. Auch ist es üblich, den Kirchturm mit Lampen zu besteigen und diese dann symbolisch zu schwenken.

Besonders in Frauenklöstern und angrenzenden Klosterkirchen wurde eine andere Tradition des Christkindwiegens betrieben. Hierzu wurde eine Figur, welche das Jesuskind darstellt, in eine Wiege gelegt und diese dann geschaukelt. Dazu waren auch Kinder eingeladen, welche dann der Reihe nach an der Wiege schaukeln durften. Bereits im 13. und 14. Jahrhundert wurde dieser Brauch dort vielerorts betrieben. Der Ursprung dieser Tradition wird häufig in der Darstellung der Weihnachtsgeschichte durch Franz von Assisi vermutet.

Wurden an Weihnachten zunächst nur die Kinder beschenkt, gab es nach und nach auch für die Erwachsenen immer mehr Geschenke, die zunächst stark regional geprägt waren. Es wurden Naturalien wie Mettwürste, Brote, Pumpernickel, Salzbutter oder Schinken verschenkt, ebenso Süßwaren, Schnäpse, Biere, Zigarren und Leinen aus dem hiesigen Raum.

## Weihnachtsgebäck

Das Weihnachtsgebäck hat eine lange Tradition. Früher war der Speiseplan sehr durch die Jahreszeiten geprägt. Nur an besonderen Tagen gab es etwas Abwechslung auf dem Speiseplan. Mit dem Gebäck, den Bieskes, Plätzchen und Keksen wurde die Wartezeit auf Weihnachten sprichwörtlich versüßt. Backwaren fanden sich als Schmuck am Weihnachtsbaum und als Geschenk auf den Tellern der Kinder. Spätestens seit den 1950er-Jahren war es in Ostwestfalen und Lippe üblich, in der Vorweihnachtszeit Gästen Selbstgebackenes anzubieten und mindestens an den Adventsonntagen einen Teller Gebäck auf dem Wohnzimmertisch stehen zu haben. Wobei die Kekse und Plätzchen tatsächlich stets auf Teller gelegt wurden. Dahinter lässt sich noch die alte Tradition der weihnachtlichen Bescherung auf Tellern erkennen. Dieser Brauch findet sich auch heute noch vielerorts, neben dem Gebäck liegt vielfach auch noch anderes Naschwerk, Schlickereien, wie man hier zu sagen pflegt. Das kirchliche Weihnachtsfest nahm mit diesem Brauch auch mehr Einzug in den privaten Bereich.

Im Westfälischen und im Lipperland, Gebieten, die vorwiegend durch Landwirtschaft und bäuerliches Leben geprägt waren, waren auch die Zutaten für dieses Gebäck sehr einfach und häufig regional angepasst. Während für Lemgoer Kaufmannsfamilien durchaus Zimt oder Vanille mit in die Weihnachtsgebäcke gehörte, war das in den ländlichen Gegenden vielfach noch eine Besonderheit.

Nach unserem heutigen Geschmack lassen sich darum auch alle folgenden Rezepte geschmacklich etwas verändern und verfeinern, indem weihnachtliche Gewürze zugefügt werden oder Gebäck mit Zuckerguss abgestrichen wird.

### Sehr altes westfälisches Weihnachtsgebäck

**Zutaten**

| | |
|---|---|
| 500 g | Mehl |
| 500 g | Butter |
| 50 g | frische Hefe |
| 100 g | Zucker |
| 2 | Eigelb |

**Zubereitung:**

Mehl, Butter und Hefe von Hand zu einem glatten Teig verarbeiten. Mindestens eine Stunde stehen lassen. Von Hand kleine Kugeln formen, diese plattdrücken und mit der einen Seite erst in das Eigelb und anschließend in den Zucker drücken. Abbacken und am besten in einem Beutel aus reinem Leinen aufbewahren.

## Griesplätzchen

**Zutaten**

| | |
|---|---|
| 100 g | Mehl |
| 100 g | Gries (grob) |
| 100 g | Zucker |
| 2 | Eier |
| | eine Prise Salz |

**Zubereitung**

Eier und Zucker schaumig rühren. Mehl, Gries und Salz zugeben. Mit dem Teelöffel kleine Haufen auf das Backblech geben, abbacken.

## Mandelbrot

### Zutaten

| | |
|---|---|
| 500 g | Mehl |
| 125 g | Butter |
| 350 g | Zucker |
| 3 | Eier |
| 3 | Teelöffel Backpulver |
| 100 g | Mandeln |
| zum Würzen: | Kakao, Nelken und Zimt nach Geschmack |

### Zubereitung

Eier, Zucker, Eier und Mandeln schaumig rühren. Das Mehl mit den anderen Zutaten vermischen und sieben. Zu der Eiermasse geben und verrühren. Sollte der Teig zu sehr kleben, etwas mehr Mehl zugeben. Anschließend ca. 2 cm dick ausrollen und auf ein Backblech legen. Nach dem Backen mit Zuckerguß bestreichen und in kleine Rechtecke schneiden.

## Weihnachtskaramellen

**Zutaten**

| | |
|---|---|
| 1/2 L | SAHNE |
| 250 G | ZUCKER |
| 2 LÖFFEL | ZIMT |
| 1 LÖFFEL | ÖL |

**Zubereitung**

Sahne, Zucker und Zimt kochen, bis eine hellbraune, dickflüssige Masse entsteht. Auf eine gefettete Platte geben. Kurz vor dem Erkalten würfelförmige Bonbons schneiden.
Zur Aufbewahrung am Besten mit Puderzucker bestäuben und so das Aneinanderkleben vermeiden.

## Rahmplätzchen

**Zutaten:**

| | |
|---|---|
| 180 G | MEHL |
| 125 G | BUTTER |
| 80 G | SAURE SAHNE |
| 100 G | ZUCKER |

**Zubereitung:**
Mehl, Butter und Sahne zu einem Teig verrühren. Ausrollen und in Streifen schneiden. Die Streifen von einer Seite in den Zucker drücken, abbacken.

*„Weihnachtsbescherung", Ludwig Richter.*

## Bauernregeln

- Ist's in der Heiligen Nacht hell und klar, so gibt's ein segenreiches Jahr.
- Vor Weihnacht viel Wasser, nach Johanni kein Brot.
- Viel Wind in den Weihnachtstagen, reichlich Obst die Bäume tragen.

*„Weihnachtsabend", Ludwig Richter.*

## *Gespräch der Kinder mit dem Christkind*

ALTE WESTPHÄLISCHE VOLKSWEISE

*„Wir bitten dich , o Jesulein,*
*schön's Kindelein,*
*wollst mit uns reden ein Wörtlein Klein!"*
*„Sagst liebe Kinder mein!"*

*„O sag', warum man dich hier find't,*
*schön's Jesulein,*
*auf dieser Welt ein kleines Kind?"*
*„Aus lauter Lieb' allein!"*

*„Warum bist du gekommen auf diese Welt,*
*schön's Jesulein,*
*nichts mit dir bracht: kein Gut, kein Geld?"*
*„Aus lauter Lieb' allein!"*

*„Warum hats du sogar veracht't,*
*schön's Jesulein,*
*die Welt, ihr Gut, all' Ehr' und Pracht?"*
*„Aus lauter Lieb' allein!"*

*„Warum bist du so schwach auf dieser Welt,*
*schön's Jesulein,*
*des Stärke die ganze Welt erhält?"*
*„Aus lauter Lieb' allein!"*

*„Was bist du so arm in diesem Stall,*
*schön's Jesulein,*
*der du die Menschen reich machst all?"*
*„Aus lauter Lieb' allein!"*

*„Was soll'n wir für die Liebe dein,*
*schön's Jesulein,*
*dir wiedergeben, Christkindlein?"*
*„Das ihr mich liebt allein!"*

*„Jesusknabe in der Krippe unter dem Christbaum"*, Ludwig Richter.

### *Weihnachtslied*

August Heinrich Hoffmann von Fallersleben

*Morgen kommt der Weihnachtsmann,*
*kommt mit seinen Gaben.*
*Trommel Pfeifen und Gewehr,*
*Fahn' und Säbel und noch mehr,*
*ja, ein ganzes Kriegesherr*
*möchte' ich gerne haben!*

*Bring uns, lieber Weihnachtsmann,*
*bring auch morgen, bringe*
*Musketier und Grenadier,*
*Zottelbär und Panthertier,*
*Roß und Esel, Schaf und Stier,*
*lauter schöne Dinge!*

*Doch du weißt ja unser Wunsch,*
*kennst ja unsre Herzen.*
*Kinder, Vater und Mama,*
*auch sogar der Großpapa,*
*alle, alle sind wir da,*
*warten dein mit Schmerzen.*

„Mutter schmückt mit dem Knecht den Christbaum“, Ludwig Richter.

## *Weihnachtslied*

Otto Julius Bierbaum

*Maria lag in großer Not,*
*Mit Lumpen angetan,*
*In einem Stall zu Bethlehem*
*Und sah die Stunde nah'n,*
*Da sie ein Kindlein haben sollt'.*
*Der Himmel stand in lauter Gold;*

*Da hub ein Singen an:*
*„Süße Maria, sei getrost,*
*Dass um dich ist kein Stall.*
*Blick um dich, allerholdste Frau,*
*Und sieh die Gäste all,*
*Die von weither gekommen sind,*
*Dich zu begrüßen und dein Kind*
*Mit Flöt- und Geigenschall."*

*Und wie Marie ihr Haupt erhob,*
*O Wunder, was sie sah:*
*Es knieten auf der schlechten Streu*
*Drei goldne Könige da,*
*Und, wie wenn's ihr Gefolge war,*
*Ein Heer von Engeln stand umher*
*Und sang Hallelujah.*

*Es war ein Licht und war ein Glanz,*
*Wie sie es nie geseh'n,*
*Und vor den Tür'n und Fenstern war*
*Ein Auf- und Niedergeh'n,*
*Als ging die ganze Welt vorbei;*
*Da hört sie einen leisen Schrei:*
*Da war das Glück gescheh'n.*

*„Der Weihnachtsbaum", Ludwig Richter.*

*Maria strahlte wie ein Stern*
*Und hob das Kind empor;*
*Das war so hold und engelschön,*
*Wie nie ein Kind zuvor.*
*Die Wände sanken und die Welt,*
*Die weite Welt war rings erhellt,*
*Und alles sang im Chor:*

*„O seht die Blume, die da blüht,*
*Die Blume weiß und rot!*
*Der Kelch ist von der Lilie,*
*Ein Herz darinnen loht.*
*Nun ist die ganze Erde licht,*
*Wir fürchten Schmerz und Trauern nicht*
*Und fürchten nicht den Tod.*

*Die Blüte leuchtet uns den Tag,*
*Und es versank die Nacht,*
*Und aus der Blüte wird die Frucht,*
*Die alle fröhlich macht;*
*Die Frucht, die allen Nahrung gibt,*
*Der Mensch, der alle Menschen liebt:*
*Die Liebe ist erwacht."*

*Der Chor verklang. Es sank der Stall*
*In braune Dunkelheit.*
*Maria gab dem Kind die Brust.*
*Still ward es weit und breit.*
*Da ward Marien im Herzen bang,*
*Sie küsst' ihr liebes Kindlein lang,*
*Ihr tat ihr Kindlein leid.*

## ***Heil'ge Nacht, o gieße du***

Portugiesisches Weihnachtslied

*Heil'ge Nacht, o gieße du*
*Himmelsfrieden in dies Herz!*
*Bring dem armen Pilger Ruh,*
*Holde Labung seinem Schmerz!*
*Hell schon erglüh'n die Sterne,*
*Grüßen aus blauer Ferne:*
*Möchte zu euch so gerne*
*Flieh'n himmelwärts!*

*Harfentöne, lind und süß,*
*Weh'n mir zarte Lüfte her,*
*Aus des Himmels Paradies,*
*Aus der Liebe Wonnemeer.*
*Glüht nur, ihr gold'nen Sterne,*
*Winkend aus blauer Ferne:*
*Möchte zu euch so gerne*
*Flieh'n himmelwärts!*

## Wunder der Weihnacht

*Bei der Papiermühle in Bruchhausen gibt es einen Erdfall, an dessen tiefster Stelle ein Brunnen ist. Der Sage nach, soll in der Weihnachtsnacht genau um zwölf Uhr dort etwas Seltsames geschehen. Genau zu dieser Stunde sollen die Hirten von Bethlehem mit ihren Schafen hier vorüberziehen. Das Klingeln der kleinen Schafsglöckchen soll in dem Brunnen läuten. Die Menschen in Bruchhausen versichern, in jeder Weihnachtsnacht das Läuten der kleinen Glocken in dem Brunnen gehört zu haben.*

*Die Leute behaupten sogar, dass in der Weihnachtsnacht um zwölf Uhr aller Hopfen grün sei, auch wenn noch soviel Schnee liegen möge. Am nächsten Tage ist aber alles wieder wie noch am Tage vor Weihnachten.*

*(nach Rölleke 1986)*

*„Das Christkindchen", Ludwig Richter.* ▶

## Glühwein

**Zutaten**

| | |
|---|---|
| 1 Flasche | Rotwein |
| 500 ml | Zitronensaft |
| 1–6 | Gewürznelken |
| 1 | Zimtstange |
| 1 | Zitrone |
| | Zucker |

**Zubereitung**

Rotwein, Zitronensaft, Gewürznelken und die Zimtstange in einen Topf geben und bis kurz vor den Siedepunkt erhitzen, dann durch ein Sieb in angewärmte Gläser gegeben.
Die Zitrone in dünne Scheiben schneiden, einschneiden und an jeden Glasrand stecken.
Der Zucker steht in einer hübschen Zuckerdose auf dem Tisch und jeder kann sich nach seinem Geschmack bedienen.

**Zubereitungszeit:** ca. 15 Minuten

*„Weihnachtstraum", Ludwig Richter.*

## Bauernregeln

- Steckt die Krähe zu Weihnachten im Klee, sitzt sie zu Ostern im Schnee.

- Wenn an Weihnachten der Mond zunimmt, dann ist das Jahr darauf gut gesinnt.

- Spielen zu Weihnachten die Mücken, wird sie zu Johannes (24. Juni) die Kälte zwicken.

## *Acker im Schnee*

FRIEDRICH WILHELM WEBER

*Es wächst viel Brot in der Winternacht,*
*Weil unter dem Schnee frisch grünet die Saat,*
*Erst wenn im Lenz die Sonne lacht,*
*Spürst du, was Guts der Winter tat.*

*Und sind die Tage dir rauh und schwer,*
*Und deucht die Welt dir öde und leer,*
*Sei still und habe des Wandels acht:*
*Es wächst viel Brot in der Winternacht.*

*Acker im Schnee.*

*„Die Mutter am Christabend“, Ludwig Richter.*

## Weihnachtswasser – Wasser wird zu Wein

Gerade um die Weihnachtsnacht ranken sich viele wundersame Geschichten. So wird auch vielfach davon berichtet, dass sich in dieser Nacht alles Wasser zu Wein verwandelt. Schon Jakob Grimm berichtet in seiner Mythologie von dem Bielefelder Aberglauben um die Weihnachtsnacht:

*„Weihnachten zwischen 11 und 12 Uhr wird das Wasser Wein und das Vieh steht auf; wer es untersuchen will, erblindet, ertaubt oder ist Kind des Todes."*

*(Grimm, 1875–78)*

Gerade im lippischen Raum war man vielerorts auch davon überzeugt, dass in dieser Nacht das Wasser in Brunnen und Bächen zu Wein werden würde. Während im ostwestfälischen Raum vielfach davor gewarnt wurde, nur keinen Blick auf dieses Wunder zu werfen, versuchte man im Lipperland gerade etwas von diesem Wasser zu schöpfen. Zwar war es klar wie Glas, doch war man fest davon überzeugt, das Weihnachtswasser könne einem das ganze Jahr als Heilwasser bei so allerlei Beschwerden dienen.

*„Die Familie beim Christbaum", Ludwig Richter.*

## ***Süßer die Glocken nie klingen***

Friedrich Wilhelm Kritzinger

*Süßer die Glocken nie klingen*
*Als zu der Weihnachtszeit:*
*'s ist, als ob Engelein singen*
*Wieder von Frieden und Freud'.*
*Wie sie gesungen in seliger Nacht,*
*Glocken, mit heiligem Klang*
*Klingt doch die Erde entlang!*

*O, wenn die Glocken erklingen,*
*Schnell sie das Christkindlein hört.*
*Tut sich vom Himmel dann schwingen*
*Eilet hernieder zur Erd'.*
*Segnet den Vater, die Mutter, das Kind*
*Glocken mit heiligem Klang,*
*Klingt doch die Erde entlang!*

## Willmers Lotte

Das folgende Gedicht hat weder einen lippischen noch einen ostwestfälischen Ursprung, wurde aber in der Region gerne und viel zitiert. Besonders an den Adventssonntagen traf man sich, reichte Gebäck und las gemeinsam die Verse laut vor, wenn man sie denn nicht schon auswendig kannte. In der hiesigen Region ist es vielfach unter dem Namen „Willmers Lotte“ bekannt:

### *Der Christabend*

Friedrich Kind

*Still was schleicht dort so alleine,*
*Jammert dort im Frost und Wind?*
*Seh' ich recht im Mondenscheine,*
*Ist's ein schmächtig blasses Kind.*

*Traurig schlüpft es durch die Gassen*
*Leicht und dünn ist sein Gewand, –*
*Irrt so unstät und verlassen;*
*Niemand führt es an der Hand.*

◀ *„Wiegenlied im Winter“, Ludwig Richter.*

*Horch! es wimmert leis im Sturme:*
*»Lieber Gott im hohen Thron!*
*Zähl't ich recht – vom Stephansthurme*
*Rief die Glocke sieben schon!*

*Soll ich mich zurücke wagen*
*In der alten Base Haus?*
*O gewiß! sie wird mich schlagen;*
*Denn ich blieb zu lange aus.*

*Nein, ich will noch länger bleiben;*
*Weht der Schnee gleich in's Gesicht,*
*Mich auf offner Straße treiben;*
*Dem Empfang entgeh' ich nicht.*

*Welch ein Glanz dort in den Buden!*
*Alles bunt im Lampenschein!*
*War's wohl Spott? Die Händler luden*
*Freudlich mich, zum kaufen, ein.*

*Wie die Messingkännchen locken!*
*Körbchen, ganz von Lahn und Schmelz,*
*Gärtchen, Schäfchen, goldne Docken,*
*Handschuh', hu! von warmem Pelz!*

*Aber leer sind meine Taschen*
*Trockne Rinden hab' ich kaum;*
*Alles darf sich freun und naschen, –*
*Doch wer putzt für mich den Baum?*

*Ha! wie hell wird's in den Zimmern, –*
*Und die Thüre, lang bewacht,*
*Thut sich auf, – ihr seht es flimmern,*
*Was das Christkind euch gebracht!*

*Schau' dort an des Marktes Ecke*
*Guckt das Volk zum Fenster 'nein;*
*Ha! wie flammt es an der Decke!*
*Dort mag Pracht und Reichthum seyn.*

*Ei, ich möcht' es auch wohl sehen;*
*Doch ich schäme mich im Troß;*
*Drum zur Thüre will ich gehen,*
*Und dann bück' ich mich an's Schloß.«*

*Und sie geht, und durch die Spalte*
*Sieht man Silberleuchter steh'n;*
*Weihrauchdüfte zieh'n in's Kalte;*
*Hohe Wallrathskerzen weh'n.*

*Blendendweiße Linnen wallen*
*Und die Fenster, lang und weit;*
*Festlich, wie in Kirchenhallen,*
*Ist der Flur mit Sand bestreut.*

*Hyazinthen, Tulpen blühen,*
*Veilchen auch, wie im April;*
*Doch kein Athem scheint zu ziehen;*
*Alles ist so schön, so still.*

*Reich besetzte Kissen glänzen;*
*Ach! sie schauet sich fast blind –*
*Unter Palmen, Silberkränzen*
*Schläft ein holdes Jesuskind.*

*Also wähnt sie, und das Prangen*
*Uebertäubt den inn'ren Schmerz;*
*Gluth erscheint auf blassen Wangen,*
*und Entzückung hebt das Herz,*

*Hebt die Hand, zu Gott zu beten;*
*Furchtsam schleicht sie durch die Thür:*
*»Laßt mich nur von Ferne treten!*
*Hohe Herrschaft, laß mich hier!«*

*Sieh! da rauscht Gewand von Seide*
*Eine schlanke, blasse Frau*
*Naht in schwarzem Flor und Kleide*
*Himmlisch schön im Tränenthau.*

*»Komm doch näher, liebe Kleine!*
*Willst du meinen Engel seh'n?*
*Ach, ich hatte nur das Eine*
*Und doch mußt' es von mir geh'n!*

*Morgen früh wird sie begraben –*
*Zur Bescheerung kauft' ich ein –*
*Oben liegt's noch, – willst du's haben?*
*Bist, wie sie, so blond und fein!*

*Sprich, wer bist du?« – »Eine Waise;*
*Seit dem Jahr ist Mutter todt;*
*Oft klag' ich am Grabe leise*
*Ihr, der Guten, meine Noth.*

*Bald ein Jahr – um Weihnacht deckte*
*Noch der Sarg die Mutter nicht.*
*O! am Christtagsmorgen weckte*
*Mich ein buntes, helles Licht.*

*Fern scholl Orgelklang und Mette,*
*Und, behängt mit Mütz' und Tuch,*
*Stand ein Tannenbaum am Bette,*
*Der vergüld'te Aepfel trug.*

*Jetzt – das Bett ist mir genommen,*
*Das der Mutter sauer ward; –*
*Läg' ich bei der lieben Frommen*
*Tief, oh tief im Sand verscharrt!*

*Denn ich bin bei bösen Leuten,*
*Unter harten Menschen nun,*
*Die stets zanken, lästern, streiten, –*
*Und ich will ja alles thun;*

*Gern im Felde und im Garten*
*Graben, bis die Sonne sinkt;*
*Gern die kleinern Kinder warten;*
*Gern gehorchen, wenn man winkt!«*

*»Kind, wie heißt du?« – »Willmer's Lotte!«*
*»Und wie alt?« – »Bin sieben Jahr!« –*
*»Wär's ein Wink vom lieben Gotte?*
*Just so alt, wie Lottchen war!*

*Du, mein Kind, zu Gott erhoben,*
*Dächt'st du mein, in jenem Land? –*
*Ja, mein Lottchen, du dort oben*
*Hast die Waise mir gesandt!*

*Wohl, ich schwör's bei diesem blassen,*
*Lieben Engelsangesicht:*
*Nie will ich die Kleine lassen,*
*Läßt sie Gott und Tugend nicht!«*

*Wiederhall zog durch die Gassen;*
*Chorgesang bei Fackellicht*
*Scholl: ‚Von Gott will ich nicht lassen,*
*Gott verläßt die Seinen nicht!'*

## Weihnachtsgans

### Zutaten (für 4 Portionen):

| | |
|---|---|
| 1 | küchenfertige Gans (ca. 3 kg) |
| 3 | Äpfel |
| 200 ml | Rotwein |
| 100 g | Weissbrot |
| 2 | Zwiebeln |
| | Beifuss |
| | Salz, Zucker und Zitronensaft |
| | Petersilie |

### Zubereitung:

Die Gans waschen und gut abtrocknen.

Die Äpfel waschen und das Kerngehäuse so ausstechen, dass ein kleiner Boden stehen bleibt. In die Apfelöffnungen etwas Wein füllen und sie mit Weißbrotstückchen füllen.

Die Gans innen und außen salzen, mit den Äpfeln, den geviertelten Zwiebeln und Beifuß füllen, zunähen. Keulen und Flügel am Rumpf festbinden.

Einen Bräter etwa 1 Zentimeter hoch mit heißem Wasser füllen, etwas Salz hinzufügen, die Gans mit dem Rücken nach unten hineinlegen und den Bräter auf die untere Schiene in den auf 200°C vorgeheizten Backofen schieben. Während des Bratens ab und zu unterhalb der Flügel und Keulen in die Gans stechen, damit das Fett besser ausbraten kann.

Sobald der Bratensatz bräunt, wieder heißes Wasser in den Bräter gießen, um das verdampfte Wasser zu ersetzen.

Die Temperatur nun auf ca. 150°C reduzieren. Die Gans ab und zu mit dem Bratensatz begießen und drehen, damit sie von allen Seiten schön braun wird.

Wenn die Gans gar ist (man rechnet etwa 1 Stunde Garzeit pro Kilo), die Fäden lösen und die Füllung herausnehmen.

Die Füllung durch ein Sieb streichen. Den losgekochten Bratensatz und die gesiebte Füllung mit etwas Wasser auf der Kochstelle zu einer Soße verrühren und sie mit Salz, Zucker und Zitronensaft abschmecken.

Nun den Braten in Portionsstücke schneiden und mit Rotkohl und Klößen oder Salzkartoffeln servieren, mit Petersilie garnieren.

**Zubereitungszeit:** ca. 3–4 Stunden

### Bauernregeln

- Ist gar gelind der heilige Christ, der Winter darob wütend ist.
- Wenn Christkind Regen weint, vier Wochen keine Sonne scheint.
- Ist es grün zur Weihnachtsfeier, fällt der Schnee auf Ostereier.

## Nüss' und Äpfel

Volksmund

*Ei du lieber, heil'ger Christ,*
*komm nur nicht, wenn's dunkel ist,*
*komm im hellen Mondenschein,*
*wirf mir Nüss' und Äpfel rein!*

*„Ehre sei Gott in der Höhe", Ludwig Richter.*

## Der Weihnachtsbaum

Heute ist der Weihnachtsbaum nicht mehr wegzudenken, aber auch dies war nicht immer so. Über Entstehungszeiten und -gründe lässt sich vielfach nur spekulieren. Wie bei den meisten Entwicklungen, treffen auch hier verschiedene Faktoren aufeinander.

Die Verwendung grüner Pflanzen als Schmuck in den Wintermonaten hat eine lange Tradition und soll Unvergänglichkeit symbolisieren. Den Lichtern am Baum, als Symbole für das wiederkehrende Licht zur Zeit der Wintersonnenwende, könnte ebenfalls eine vorchristliche Tradition zugrunde liegen.

Auch kann man nicht mit Sicherheit sagen, ob der Baum zunächst im kirchlichen und erst später im privaten Bereich zu finden war oder umgekehrt. Ersteres ist wohl wahrscheinlicher. Aus hiesigen ländlichen Gegenden sind Berichte überliefert, nach denen sich die Tradition des Weihnachtsbaumes im privaten Bereich im ersten Viertel des 20. Jahrhunderts durchsetzte, zuvor waren diese nur in Kirchen anzutreffen. Diese Entwicklung hängt sicher auch mit den Lebensumständen zusammen. In wohlhabenden Familien im städtischen Bereich, fand sich der geschmückte Baum durchaus bereits früher in den heimischen Räumen wieder. So gibt es eine Zeichnung von Jenny Droste-Hülshoff, einer Schwester der westfälischen Dichterin Annette von Droste-Hülshoff, welche bereits um 1830 einen geschmückten Weihnachtsbaum mit Geschenken daneben zeigt.

Grob lässt sich sagen, dass der Weihnachtsbaum in der Zeit zwischen 1850 und 1930 im ostwestfälisch-lippischen Bereich seinen Einzug fand, wobei er besonders in protestantischen Gebieten schnell sehr beliebt war, während zum Beispiel die Kirchenobersten in Münster dem Brauch lange Zeit sehr kritisch gegenüberstanden.

Mit dem Einzug des Weihnachtsbaumes ging auch eine Neugestaltung des Weihnachtsfestes einher, welche die zentralen Feierlichkeiten auf den 24. Dezember verlegte.

Obwohl es heute durchaus Weihnachtsbäume aus anderen Materialien gibt, ist der Duft nach frischen Tannennadeln doch unverwechselbar mit Weihnachten verbunden.

Auch der Schmuck des Baumes hat sich im Laufe der Jahrzehnte verändert. So war besonders in den ländlichen Gebieten der Essbaum lange Zeit die verbreitetste Form des Baumes. Sein Schmuck bestand aus Nüssen, Äpfeln und verschiedenstem Gebäck. Dieses wurde entweder speziell in Kringelform gebacken oder auch nach dem Backen eingewickelt und an den Baum gehängt.

Seit jeher kommt der Spitze des Baumes eine besondere Aufmerksamkeit zu. In vielen Familien wird der Baumspitzenschmuck, welcher stets zuletzt am Weihnachtsbaum befestigt wird, seit Generationen weitergegeben, auch wenn sich der restliche Baumschmuck im Laufe der Jahre geändert hat.

Ganz traditionell nennt man im Lipperland den Weihnachtsbaum bis heute vielfach Lichterbaum.

*Lichterglanz am Weihnachtsbaum.*

## *Christbaum*

FRIEDRICH WILHELM WEBER

*Der Winter ist ein karger Mann,*
*er hat von Schnee ein Röcklein an;*
*zwei Schuh von Eis*
*sind nicht zu heiß;*
*von rauhem Reif eine Mütze*
*macht auch nur wenig Hitze.*

*Er klagt: „Verarmt ist Feld und Flur!“*
*Den grünen Christbaum hat er nur;*
*den trägt er aus*
*in jedes Haus,*
*in Hütten und Königshallen:*
*den schönsten Strauß von allen!*

## *O Tannenbaum*

Ernst Anschütz

*O Tannenbaum, o Tannenbaum,*
*wie treu sind deine Blätter!*
*Du grünst nicht nur zur Sommerzeit,*
*nein, auch im Winter, wenn es schneit.*
*O Tannenbaum, o Tannenbaum,*
*wie treu sind deine Blätter!*

*O Tannenbaum, o Tannenbaum,*
*du kannst mir sehr gefallen.*
*Wie oft hat nicht zur Weihnachtszeit*
*ein Baum von Dir mich hoch erfreut!*
*O Tannenbaum, o Tannenbaum,*
*du kannst mir sehr gefallen!*

*O Tannenbaum, o Tannenbaum,*
*dein Kleid will mich was lehren:*
*Die Hoffnung und Beständigkeit*
*gibt Kraft und Trost zu jeder Zeit.*
*O Tannenbaum, o Tannenbaum,*
*dein Kleid will mich was lehren.*

„Der Tannenbaum“, Ludwig Richter.

*Eine schneebedeckte Tanne im Ravensberger Land.*

## *Vom Himmel hoch, da komm' ich her*

MARTIN LUTHER

*Vom Himmel hoch, da komm' ich her.*
*Ich bring euch gute neue Mär',*
*der guten Mär' bring ich so viel,*
*davon ich singen und sagen will.*

*Euch ist ein Kindlein heut gebor'n*
*von einer Jungfrau auserkor'n;*
*das Kindlein so zart und fein,*
*das soll eur' Freud' und Wonne sein.*

*Es ist der Herr Christ, unser Gott,*
*der will euch führ'n aus aller Not.*
*Er will nur Heiland selber sein,*
*von allen Sünden machen rein.*

*Er bringt euch alle Seligkeit,*
*die Gott der Vater hat bereit,*
*dass ihr mit uns im Himmelreich*
*sollt leben nun und ewiglich.*

*Des lasst uns alle fröhlich sein*
*und mit den Hirten gehen hinein,*
*zu sehen, was Gott uns beschert,*
*mit seinem lieben Sohn verehrt.*

*Lob, Ehr sei Gott im Höchsten Thron,*
*der uns schenkt seinen eig'nen Sohn;*
*des freuen sich der Engel Schar*
*und singen uns solch's neues Jahr.*

*„Vom Himmel hoch, da komm' ich her", Ludwig Richter.*

## Christkind oder Weihnachtsmann

Nicht nur regional, sondern häufig auch familiär unterschiedlich ist die Sage davon, ob an Heiligabend das Christkind oder der Weihnachtsmann die Geschenke bringt. Ganz grob lässt sich nur sagen, dass es in katholisch geprägten Regionen häufiger das Christkind ist, das die Geschenke bringt, während es in den evangelisch geprägten Regionen eher der Weihnachtsmann ist.

Tatsächlich haben aber beide Figuren ihre Tradition und blicken auf eine längere Geschichte zurück.

Bis ins 19. Jahrhundert, in vielen ländlichen Gebieten auch länger, war es üblich, das Weihnachtsfest zwar feierlich zu begehen, kleine Geschenke und Präsente gab es tatsächlich aber nur am 6. Dezember, dem Tag des heiligen Nikolaus. Das Weihnachtsfest war noch kein familiäres, sondern ein rein kirchliches Fest. Nachdem sich der Tag der Bescherung vom Nikolaustag immer mehr auf den Weihnachtstag verlagerte, wurde gerade in vielen protestantischen Familien eine dem Nikolaus sehr ähnliche Figur mit auf die Weihnachtstage übertragen. Die ehemals autoritäre Nikolausfigur wurde nun auf den Weihnachtsmann übertragen und ähnlich einer strengen Vaterfigur auch dazu benutzt, um Kinder in ihre Schranken zu weisen. Allerdings löste sich die Figur des Weihnachtsmannes immer stärker von ihrem Vorbild und wurde zunehmend zu einer eigenständigen Figur, welcher weder ein christlicher noch ein heiliger Hintergrund innewohnte. Der österreichische Maler Moritz von Schwind (1804–1871) fertigte bereits 1847 ein Bild von einem Mann, der als Herr Winter in der Christnacht einen geschmückten Baum verschenken will. Diese Darstellung aus den Münchner Bilderbögen wird vielfach als erste Darstellung des Weihnachtsmannes bezeichnet. Fälschlicherweise wird der Weihnachtsmann manchmal als eine Erfindung der Werbung abgetan. Dem widersprechen aber die frühen Abbildungen und die Verschiebung der Feierlichkeiten vom Nikolaustag auf die Weihnachtstage.

Die Figur des Christkinds als gabenbringendes Wesen existierte bereits in der Reformationszeit neben dem Nikolaus. Mit dem Christkind ist aber nicht zwangsläufig das Jesuskind gemeint, sondern vielmehr ein engelsgleiches Wesen. Meist wird es mit lockigem Haar, weißem Schleier, Engelsflügeln und einer kleinen Krone dargestellt. Diese Figur hat sich vermutlich aus den Engeln des Krippenspieles entwickelt, in denen es vielleicht eine Engelsschar anführte oder als besonders schöner Engel aus ihnen hervorstach. Auch könnten im Laufe der Zeit der biblische Engel, welcher Jesu Geburt verkündete, und das Jesuskind, das eigentliche Christkind, zu einer Figur verschmolzen sein. Durch die lange Tradition der Krippenspiele und feierlichen Umzüge in der katholischen Kirche hat sich darum das Christkind als „Geschenkebringer" hier deutlich stärker durchgesetzt.

Für viele Orte lässt sich keine eindeutige Aussage treffen, da beide Figuren als Boten der Geschenke bekannt sind. Angesichts der heutigen Omnipräsenz des Weihnachtsmannes in der Vorweihnachtszeit ist aber auch ein Trend zu beobachten, dass sich Familien an Weihnachten auf das Christkind als Gabenbringer besinnen.

*Weihnachtsengel als Christbaumschmuck.*

## Rumgrog

**Zutaten (pro Glas)**

| | |
|---|---|
| 2 | TL Zucker |
| 2 | Gläschen Rum |
| | kochend heisses Wasser |

**Zubereitung**

Rum und Zucker in ein Teeglas geben und verrühren, bis nichts mehr knirscht. Dann kommt das heiße Wasser dazu und fertig ist der Grog.

*„Punschbowle", Ludwig Richter.*

## O du fröhliche, o du selige

JOHANNES DANIEL FALK

*O du fröhliche, o du selige,*
*gnadenbringende Weihnachtszeit!*
*Welt ging verloren, Christ ward geboren:*
*Freue, freue dich, o Christenheit!*

*O du fröhliche, o du selige,*
*gnadenbringende Weihnachtszeit!*
*Christ ist erschienen, uns zu versühnen:*
*Freue, freue dich, o Christenheit!*

*O du fröhliche, o du selige,*
*gnadenbringende Weihnachtszeit!*
*Himmlische Heere jauchzen dir Ehre:*
*Freue, freue dich, o Christenheit!*

*Wunderschöne Winterlandschaft im Eggegebirge.*

## ***Schneeflöckchen, Weißröckchen***

Volksgut

*Schneeflöckchen, Weißröckchen*
*da kommst du geschneit;*
*du kommst aus den Wolken,*
*dein Weg ist so weit.*

*Komm, setz dich ans Fenster,*
*du lieblicher Stern;*
*malst Blumen und Blätter,*
*wir haben dich gern.*

*Schneeflöckchen, du deckst uns*
*die Blümelein zu;*
*dann schlafen sie sicher*
*in himmlischer Ruh'.*

*Glitzernde Äste in der Morgensonne.*

## Weihnachtskarpfen

**Zutaten (für 4 Portionen)**

| | |
|---|---|
| 1 | Karpfen (ca. 1,5 kg) |
| | Salz und Pfeffer |
| 100 g | Butter |
| 2 | Zwiebeln |
| 500 g | Champignons |
| 3 EL | Mehl |
| 750 ml | Brühe |
| 200 g | Sahne |
| 1 Glas | Weisswein |
| 1 | Zitrone |

**Zubereitung**

Den Karpfen unter kaltem Wasser innen und außen waschen, trocken tupfen, salzen, pfeffern und mit 5 EL Butter in eine Pfanne legen. Diese in den auf 200°C vorgeheizten Backofen geben, dann braten, bis sich unter der Haut Blasen bilden – dann ist der Karpfen halbfertig. Währenddessen gelegentlich mit dem Bratfett begießen.

Für die Soße die Zwiebeln abziehen, fein hacken und in Butter glasig andünsten. Champignons grob schneiden und dazugeben, salzen und pfeffern. Die fertig gebratenen Champignons mit Mehl bestäuben und mit Brühe begießen. Dazu Sahne und Weißwein geben, mit Zitronensaft abschmecken. Die fertige Soße über den halbfertigen Karpfen gießen und noch ca. 15 Minuten goldbraun braten.

**Zubereitungszeit:** ca. 45 Minuten

## *Krippenfreude*

Luise Hensel

*Der lichte Engel ladet*
*Die frommen Hirten ein*
*Zum Kripplein, hoch begnadet,*
*Zum süßen Jesulein.*

*Ich will mit ihnen grüßen*
*Das wunderbare Kind*
*Und legen ihm zu Füßen*
*Mein Herz zum Angebind'.*

*Und ist es auch von Sünde*
*Und manchem Leid gedrückt:*
*Sanct Joseph giebt's dem Kinde*
*Gereinigt und geschmückt.*

*Die Zuflucht kranker Herzen,*
*Maria, schaut so lind;*
*Die bannt von mir die Schmerzen*
*Und sühnt mich ihrem Kind.*

*Sie mag wohl Freude weinen*
*Ob ihrem Kindlein hold:*
*Die Aeuglein Sterne scheinen,*
*Die Löcklein Sonnengold.*

*Magst wohl in Wonne beben,*
*Du Jungfrau-Mütterlein:*
*Der Dir zum Kind gegeben,*
*Ist selbst der Schöpfer Dein.*

*Wohl leuchten Seine Augen*
*Und blassen ewig nicht,*
*Denn Sonn' und Sterne saugen*
*Aus ihnen nur ihr Licht.*

*O mutterselig Schweigen!*
*O Wonne, übergroß!*
*O still-anbetend Neigen*
*Zum Kind in Deinem Schoß!*

*„Mutter mit dem Kind und Hirten bei Nacht", Ludwig Richter.*

## ***Kommet, ihr Hirten***

Joseph Mohr

*Kommet, ihr Hirten, ihr Männer und Frau'n!*
*Kommet, das liebliche Kindlein zu schau'n!*
*Christus, der Herr, ist heute geboren,*
*den Gott zum Heiland euch hat erkoren.*
*Fürchtet euch nicht!*

*Lasset uns sehen in Bethlehems Stall,*
*was uns verheißen der himmlische Schall!*
*Was wir dort finden, lasset uns künden,*
*lasset uns preisen mit frommen Weisen,*
*Hallelujah!*

*Wahrlich, die Engel verkündigen heut'*
*Bethlehems Hirtenvolk gar große Freud':*
*Nun soll es werden Friede auf Erden,*
*den Menschen allen ein Wohlgefallen.*
*Ehre sei Gott!*

*„Der Stall zu Bethlehem", Ludwig Richter.*

## ***Fröhliche Weihnacht überall!***

AUGUST HEINRICH HOFFMANN VON FALLERSLEBEN

*„Fröhliche Weihnacht überall!",*
*tönet durch die Lüfte froher Schall.*
*Weihnachtston, Weihnachtsbaum,*
*Weihnachtsduft in jedem Raum!*

*„Fröhliche Weihnacht überall!",*
*tönet durch die Lüfte froher Schall.*
*Darum alle stimmet in den Jubelton,*
*denn es kommt das Licht der Welt von des Vaters Thron.*

*„Fröhliche Weihnacht überall!",*
*tönet durch die Lüfte froher Schall.*
*Licht auf dunklem Wege, unser Licht bist du;*
*denn du führst, die dir vertrau'n, ein zu sel'ger Ruh'.*

*„Fröhliche Weihnacht überall!",*
*tönet durch die Lüfte froher Schall.*
*Was wir ander'n taten, sei getan für dich,*
*dass bekennen jeder muss, Christkind kam für mich.*

## Heiligabend

Die großen Feierlichkeiten bereits am Heiligabend haben sich erst in den letzten etwa hundert Jahren entwickelt. Ursprünglich war das Weihnachtsfest ein rein kirchliches Fest und blieb es in den ländlich-bäuerlichen Gegenden auch lange Zeit. Die bürgerlichen Familien in den Städten, die meist auch weiträumiger verzweigt waren, waren die ersten, die das Weihnachtsfest auch im privaten Bereich feierten.

Vielerorts ist dieser Tag heute der Höhepunkt des Weihnachtsfestes, aber das war nicht immer so: Gerade in den katholisch geprägten Regionen gehörte dieser Tag noch zur Vorbereitung auf den 1. Weihnachtsfeiertag, an dem die eigentlichen Festlichkeiten mit der Frühmesse begannen. Der Heiligabend selbst war ein Arbeitstag. Als Einstimmung auf die künftigen Tage wurde am 24. Dezember gefastet. Die Kinder stellten vor dem Schlafengehen einen Teller vor ihre Tür, auf dem sie am kommenden Morgen Süßigkeiten, Obst und Nüsse fanden.

Die evangelisch geprägte Tradition, bereits Heiligabend den Gottesdienst zu besuchen und das Weihnachtsfest zu feiern, setzte sich aber immer stärker durch.

Früher ging man am 24. Dezember allen Tätigkeiten und Arbeiten genauso nach, wie an jedem gewöhnlichen Wochentag. Ursprünglich war der Heilige Abend der Abend vor den Feiertagen. Einer alttestamentarischen Auslegung nach, die einer jüdischen Tradition folgt, beginnt ein Tag mit dem Sonnenuntergang am Vorabend und gibt so Gelegenheit, sich auf den Tag vorzubereiten. So fanden früher die Weihnachtsgottesdienste tatsächlich in der Nacht, je nach Örtlichkeit zwischen 3 und 5 Uhr in der Frühe, statt. Diesen Gottesdienst nannte man Uchte.

*Die Johanniskirche in Bielefeld.*

Besonders in katholisch geprägten Regionen gehörte der 24. Dezember zum Vorbereitungstag auf die Feierlichkeiten. Vielfach wurde an diesem Tag gefastet und erst mit der Frühmesse begannen die Feierlichkeiten.

Nachdem sich der Tag der Geschenkevergabe vom Nikolaustag immer mehr auf den Weihnachtstag verlagert hatte, folgte ab etwa 1900 nach dem Gottesdienst in aller Frühe die Bescherung, die sich vielfach noch ähnlich gestaltete wie die Geschenkevergabe am Nikolaustag. Vor dem Kirchenbesuch hatten die Kinder einen Teller aufgestellt, welchen sie nach dem Kirchgang dann gefüllt wieder vorfanden, nebst einigen weiteren Kleinigkeiten.

Im Laufe der kommenden Jahrzehnte wurde dieser Gottesdienst in der Heiligen Nacht vielerorts auf Mitternacht verlagert. Besonders in protestantischen Kirchen fand er bald bereits in den Abendstunden statt und wurde schließlich sogar auf die Nachmittagsstunden verlegt. Diese Entwicklung verlagerte dann auch die Bescherung immer mehr auf den 24. Dezember.

Obwohl auch heute noch in vielen Branchen und Erwerbszweigen an diesem Tag regulär gearbeitet wird, wenn auch mitunter in begrenzter Stundenzahl, ist er doch vielfach zum Höhepunkt des Weihnachtsfestes geworden. Nur an den Mahlzeiten lässt sich erkennen, wie eng das Zeitmuster an diesem Tag vielfach gesteckt ist. So ist es im ostwestfälischen Raum üblich, am Nachmittag vor der Kirche Streuselkuchen vom Blech zu essen. Ein Hefekuchen mit Streuseln, welcher durchaus ein oder zwei Tage vor dem Verzehr hergestellt werden kann. Als Abendessen sind Heißwürstchen und Kartoffelsalat, nach westfälischer Art mit Majonnaise, Eiern und Gurken, vielfach anzutreffen. Ebenfalls ein Gericht, das bequem zuvor angefertigt werden kann. Dahinter versteckt sich aber auch noch der sehr alte Brauch, in der Adventszeit zu fasten bzw. einfach zu essen und erst ab Weihnachten die Festessen zu genießen.

## ***Was das Christkind bringen soll***

MÜNDLICHE ÜBERLIEFERUNG

*Ein Pferdchen zum Reiten,*
*ein Püppchen zum Kleiden,*
*einen Wagen zum Fahren,*
*ein Büchslein zum Sparen,*
*zum Kochen ein Küchlein,*
*zum Lesen ein Büchlein,*
*viel Steine zum Bauen,*
*viel Äpfel zum Kauen,*
*und ein Geiglein zum Greifen,*
*und ein Flötlein zum Klingen –*
*das soll's Christkindlein bringen.*

## Butterplätzchen mit Zimt

### Zutaten

| | |
|---|---|
| 125 G | BUTTER |
| 125 G | BUTTERSCHMALZ |
| 2 | EIGELB |
| ½ | ZITRONE |
| 1,5 EL | RUM |
| 200 G | ZUCKER |
| 500 G | MEHL |
| | ZUCKER, ZIMT |

### Zubereitung

Butter, Butterschmalz, Eigelb, Zitrone, Rum und Zucker vermengen und rühren, bis der Teig Blasen schlägt. Dann nach und nach das Mehl dazusieben und zu einem Teig verrühren. Den Teig auf einer bemehlten Oberfläche kneten. Einige Stunden, am besten aber über Nacht, kühl stellen.

Den Teig sehr dünn ausrollen und beliebige Formen ausstechen.

Bei 180°C ca. 10 Minuten backen, bis die Plätzchen goldgelb sind.

Die Plätzchen vorsichtig vom Blech abheben und in einem Zucker-Zimt-Gemisch wälzen.

**Zubreitungszeit:** ca. 30 Minuten/zwei Tage

## *Weihnachtsglocken*

Richard Dehmel

*Weihnachtsglocken, wieder, wieder*
*sänftigt und bestürmt ihr mich.*
*Kommt, o kommt, ihr hohen Lieder,*
*nehmt mich, überwältigt mich!*

*Dass ich auf die Knie fallen,*
*dass ich wieder Kind sein kann,*
*wie als Kind Herr Jesus lallen*
*und die Hände falten kann.*

*Denn ich fühl's, die Liebe lebt, lebt,*
*die mit ihm geboren wurde,*
*ob sie gleich von Tod zu Tod schwebt,*
*obgleich er gekreuzigt wurde.*

*Fühl's, wie alle Brüder werden,*
*wenn wir hilflos, Mensch zu Menschen,*
*stammeln: „Friede sei auf Erden*
*und ein Wohlgefall'n am Menschen!"*

*„Schlittenfahren", Ludwig Richter.*

## *Leise rieselt der Schnee*

Eduard Ebel

*Leise rieselt der Schnee,*
*still und starr ruht der See,*
*weihnachtlich glänzet der Wald:*
*Freue dich, Christkind kommt bald!*

*In den Herzen ist's warm,*
*still schweigt Kummer und Harm,*
*Sorge des Lebens verhallt:*
*Freue dich, Christkind kommt bald!*

*Bald ist Heilige Nacht,*
*Chor der Engel erwacht,*
*hört nur, wie lieblich es schallt:*
*Freue dich, Christkind kommt bald!*

## ***Morgen, Kinder, wird's was geben***

Martin Friedrich Philipp Bartsch

*Morgen, Kinder, wird's was geben,*
*morgen werden wir uns freu'n!*
*Welch ein Jubel, welch ein Leben*
*wird in unserm Hause sein!*
*Einmal werden wir noch wach,*
*heißa dann ist Weihnachtstag!*

*Wie wird dann die Stube glänzen*
*von der großen Lichterzahl,*
*schöner als bei frohen Tänzen*
*ein geputzter Kronensaal.*
*Wisst ihr noch vom vor'gen Jahr,*
*wie's am Weihnachtsabend war?*

*Wisst ihr noch mein Räderpferdchen,*
*Malchens nette Schäferin,*
*Jettchens Küche mit dem Herdchen*
*und dem blank geputzten Zinn?*
*Heinrichs bunten Harlekin*
*mit der gelben Violin?*

*Welch' ein schöner Tag ist morgen!*
*Viele Freunde hoffen wir;*
*Uns're lieben Eltern sorgen*
*lange, lange schon dafür.*
*O gewiss, wer sie nicht ehrt,*
*ist der ganzen Lust nicht wert!*

## Apfelbrot

**Zutaten**

| | |
|---|---|
| 500 g | Äpfel (Boskop) |
| 1 | Zitrone |
| 165 g | Rosinen |
| 100 g | ganze Haselnüsse |
| 150 g | Zucker |
| ½ TL | Zimt |
| ½ TL | gemahlene Nelken |
| ½ TL | Kakaopulver |
| 1 Glas | Rum |
| 330 g | Mehl |
| ½ Pck. | Backpulver |
| | Salz |

**Zubereitung**

Äpfel schälen, entkernen und in kleine Würfel schneiden. Mit etwas Zitronensaft beträufeln, damit die Äpfel nicht braun werden.

Rosinen, Haselnüsse, Zucker, Zimt, Nelken, Kakao und Rum zu den Äpfeln geben und gut vermischen. Einige Stunden ziehen lassen, am besten über Nacht.

Mehl mit Backpulver mischen und unter die Zutaten vom Vorteig mengen. Eine Prise Salz dazugeben und in eine Kastenform füllen.

Im vorgeheizten Backofen bei 180°C backen, bis das Brot Farbe annimmt – einstechen, um zu prüfen, ob der Teig schon fest ist.

**Zubereitungszeit:** ca. 45 Minuten/zwei Tage

„Das Kind fängt die Sterntaler im Hemd auf“, Ludwig Richter.

## Sterntaler
### Brüder Grimm

Es war einmal ein kleines Mädchen, dessen Vater und Mutter gestorben waren. Die Eltern hatten ihr nichts hinterlassen und sie war so arm, dass sie kein Kämmerchen mehr hatte, um darin zu wohnen und kein Bettchen mehr hatte, um darin zu schlafen.

Irgendwann hatte sie gar nichts mehr außer den Kleidern auf dem Leib und einem Stück Brot in der Hand, welches ihr ein gutes Herz geschenkt hatte. Sie war aber gut und fromm. Und weil sie so von aller Welt verlassen war, ging sie im Vertrauen auf den lieben Gott hinaus ins Ungewisse. Da begegnete ihr ein armer, alter Mann, der sprach: „Ach bitte, ich bin so hungrig. Gib mir etwas zu essen!"

Da reichte sie ihm das ganze Stück Brot und sagte: „Gott segne's dir!", und ging weiter.

Da kam ein Kind, das jammerte und sprach: „Es friert mich so an meinem Kopfe! Bitte schenk mir etwas, womit ich ihn bedecken kann."

Da nahm sie ihr Mützchen ab und gab es ihm. Und als sie noch ein Stück gegangen war, kam wieder ein Kind, das hatte kein Leibchen an und fror. Da gab sie ihm seins. Und noch ein Stück weiter, da bat eins um ihr Röcklein und das gab sie auch noch hin.

Endlich gelangte sie in einen Wald. Es war schon dunkel geworden. Da kam noch ein Kind und bat um ein Hemdchen. Das fromme Mädchen dachte: „Die Nacht ist dunkel, da sieht mich niemand.

Ich kann wohl auch mein Hemd weggeben", und zog das Hemd ab und gab es auch noch hin.

Und wie es so stand und gar nichts mehr hatte, fielen auf einmal die Sterne vom Himmel und waren lauter harte, blinkende Taler. Und auch wenn sie ihr Hemdlein weggegeben hatte, so hatte sie ein neues an und das war vom allerfeinsten Linnen. Da sammelte sie die Taler hinein und war reich für ihren Lebtag.

*„Das Kind gibt dem alten Mann sein Brot", Ludwig Richter.*

*Traditioneller Christbaumschmuck.*

## *Engellied zu Weihnachten*

Volksgut

*Ihr Hirten erwacht,*
*seid munter und lacht,*
*die Engel sich schwingen*
*vom Himmel und singen:*
*„Die Freude ist nah!*
*Der Heiland ist da!“*

*Der Stall, er war alt,*
*zerborsten und kalt.*
*Es schmerzten die Winde*
*der Mutter, dem Kinde,*
*der Regen, der Schnee*
*vermehren das Weh.*

*Das Kripplein ist hart,*
*das Kindlein ist zart.*
*Ihr habt ja noch Wiegen,*
*lasst Gott darin liegen.*
*Auf, Zimmer und Zelt*
*dem Heiland der Welt!*

## *Am Weihnachtsbaum die Lichter brennen*

Hermann Kletke

*Am Weihnachtsbaum die Lichter brennen,*
*wie glänzt er festlich, lieb und mild,*
*als spräch' er: „Wollt in mir erkennen*
*getreuer Hoffnung stilles Bild!"*

*Die Kinder stehen mit hellen Blicken,*
*das Auge lacht, es lacht das Herz,*
*o fröhlich seliges Entzücken!*
*Die Alten schauen himmelwärts.*

*Zwei Engel sind hereingetreten,*
*kein Auge hat sie kommen seh'n;*
*sie geh'n zum Weihnachtstisch und beten*
*und wenden wieder sich und geh'n.*

*„Gesegnet seid ihr alten Leute,*
*gesegnet sei, du kleine Schar!*
*Wir bringen Gottes Segen heute*
*dem braunen wie dem weißen Haar.*

*Zu guten Menschen, die sich lieben,*
*schickt uns der Herr als Boten aus*
*und seid ihr treu und fromm geblieben,*
*wir treten wieder in dies Haus."*

*Kein Ohr hat ihren Spruch vernommen,*
*unsichtbar jedes Menschen Blick,*
*sind sie gegangen wie gekommen,*
*doch Gottes Segen blieb zurück.*

# 3.

# *Silvester und Neujahrstag*

## Silvesternacht

Ludwig Thoma

*Und nun, wenn alle Uhren schlagen,*
*So haben wir uns was zu sagen,*
*Was feierlich und hoffnungsvoll*
*Die ernste Stunde weihen soll.*

*Zuerst ein Prosit in der Runde!*
*Ein helles und aus frohem Munde!*
*Ward nicht erreicht ein jedes Ziel,*
*Wir leben doch, und das ist viel.*

*Noch einen Blick dem alten Jahre,*
*Dann legt es auf die Totenbahre!*
*Ein neues grünt im vollen Saft!*
*Ihm gelte unsre ganze Kraft!*

*Wir fragen nicht: Was wird es bringen?*
*Viel lieber wollen wir es zwingen,*
*Dass es mit uns nach vorne treibt,*
*Nicht rückwärts geht, nicht stehen bleibt.*

*Nicht schwächlich, was sie bringt, zu tragen,*
*Die Zeit zu lenken, lasst uns wagen!*
*Dann hat es weiter nicht Gefahr.*
*In diesem Sinne: Prost Neujahr!*

## Die Zwölften

Die Zwölften, auch die hilligen Zwölften oder die Hellge Doage genannt, das sind die dreizehn Tage und zwölf Nächte zwischen Weihnachten und Epiphanies, dem Tag der Heiligen Drei Könige. Diese Tage zwischen den beiden Jahren sind auch unter der Bezeichnung Rauhnächte bekannt. Diese Tage und besonders ihre Nächte sind geprägt von Aberglauben, Verhaltensregeln, die eingehalten werden müssen, und der Angst vor Geistern.

Die Vorstellungen, dass über die Jahresfeier hinaus böse Geister in den langen dunklen Nächten ihr Unwesen treiben, reichen bis in die vorchristliche Zeit hinein. Seit jeher sind diese zwölf Nächte zwischen Weihnachten, beziehungsweise der Wintersonnenwende, und dem 6. Januar gefürchtet. Man versucht, den Geistern in dieser Zeit nicht zu begegnen oder besser noch, sie mit viel Lärm und Krach zu vertreiben.

Alle Geister und unruhigen Seelen von Verstorbenen, aber auch andere unheimliche Gestalten, es wird von Hexen, Teufeln und sonstigen Schreckensgestalten berichtet, sollen in diesen Tagen ihr Unwesen treiben. Darum ist es ratsam, sich im Dunkeln nur im Haus aufzuhalten und nicht mehr hinaus zu gehen. Auch sollte man sich davor hüten, die Geister zu ärgern oder anzulocken. Schutz gegen diese Gestalten soll vielerorts ein gehöriges Lärmen sein. Andere raten aber auch dazu, sich möglichst ruhig und leise zu verhalten, um von den Wesen nicht entdeckt zu werden.

Traditionell sind diese zwölf Nächte von allerlei Brauchtum begleitet. Dabei sind das Weihnachtsfest, der Jahreswechsel und der 6. Januar die wichtigsten Tage. Alles, was man in dieser Zeit träumt, soll im kommenden Jahr in Erfüllung gehen.

Auch mit den Arbeiten ist es während der Zwölften so eine Sache. So sollten bestimmte Tätigkeiten vermieden werden. Buttern ist nicht erlaubt, da diese sofort sauer werden würde. Auch

Korn sollte nicht gemahlen werden, da das daraus gebackene Brot sofort schimmelig werden würde. Auch der Stall sollte nicht ausgemistet werden, da man sonst das Glück hinauswirft. Dies war früher meist aber sowieso schon direkt vor dem Weihnachtsfest geschehen. Da das Christkind in einem Stall geboren worden war, musste dieser natürlich sauber sein.

Auch das Spinnrad sollte besser nicht betätigt werden, denn dies könnte mitunter sogar eine Krankheit der Schafe zur Folge haben. Im Lippischen war darum früher am 21. Dezember, der längsten Nacht das Jahres, das Langenachtspinnen. In den Spinnstuben wurde so lange gearbeitet, bis wirklich alle fertig waren, sonst hätte nämlich die „kalte Hand" durchs Fenster nach ihnen gegriffen.

Auch das Wäschewaschen war nach einem Brauch, der besonders im Lipperland befolgt wurde, in dieser Zeit nicht unbedingt ratsam. Noch heute kennt man dort die Redensart: „Über das Jahr darf nicht gewaschen werden", woran sich mancher noch hält. Auch wenn man meist nicht mehr die kompletten zwölf Nächte abwartet, sehen viele zumindest an Silvester und Neujahr davon ab, ihre Wäsche zu waschen. Und in gar keinem Fall war es ratsam, draußen etwas zum Trocknen aufzuhängen. Da folgte dann schnell der Spruch: „Er behängt den Kirchhof". Im Ravensberger Raum hat sich hingegen eher die Meinung erhalten, gerade zu diesem Zeitpunkt noch einmal tüchtig zu waschen, weil keine Wäsche mit in das neue Jahr genommen werden soll.

Auch fürchtete man im Kreis Minden, ein Kind, welches am Neujahrstage geboren worden war, könnte zu einem Spökenkieker werden. Dies war einer, der schon so mancherlei Ereignisse im Voraus ahnen oder sehen konnte; und häufig waren es keine erfreulichen Dinge.

## *Lasst uns froh das Jahr beschließen*

VOLKSGUT

*Lasst uns froh das Jahr beschließen,*
*was es immer auch gebracht!*
*Mocht' uns manches auch verdrießen,*
*haben wir doch mehr gelacht,*
*voller Freude, voller Lust,*
*laut hinaus aus voller Brust.*

*Lasst uns froh ins Neue schauen,*
*dass es stets nur Gutes bringt!*
*Lasst uns blind darauf vertrauen,*
*dass uns alles wohl gelingt,*
*was wir planen, was wir hoffen.*
*Hold steh' uns die Zukunft offen.*

*Lasst uns froh die Gläser heben*
*auf ein gutes, neues Jahr!*
*Fördern soll es unser Streben,*
*bannen soll es Notgefahr.*
*Horchet, wie die Glocken klingen!*
*Frieden sollen sie uns bringen.*

## Silvester-Linsensuppe

### Zutaten für 6 Portionen

| | |
|---|---|
| 500 g | gemischtes Hackfleisch |
| | Salz, Pfeffer, mildes Currypulver |
| 500 g | Möhren |
| ¼ | Knollensellerie |
| 3 | grosse Zwiebeln |
| 20 g | Butterschmalz |
| | Gemüse- oder Fleischbrühe |
| 700 g | vorgekochte Linsen |
| 50 g | Butter |
| | Bohnenkraut |
| 4 | grosse Tomaten |
| 1 Bund | Petersilie |

### Zubereitung

Das Hackfleisch mit Salz, Pfeffer und etwas Currypulver würzen und zu etwa 1–2 Zentimeter großen Fleischbällchen formen.

Das Gemüse putzen. Die Zwiebeln und den Knollensellerie würfeln. Die Möhren in Scheiben schneiden.

Die Fleischbällchen in einem Topf bei wenig Hitze in Butterschmalz vorsichtig anbraten.

Das Gemüse mit in den Topf geben und bei häufigem Wenden kurz anbraten. Mit der Gemüsebrühe ablöschen, bis der Inhalt des Topfes gut mit der Brühe bedeckt ist. Bei schwacher Hitze ca. 30 Minuten kochen – die Möhren müssen noch Biss haben. Eventuell verdunstete Brühe nachschütten.

Nun die Linsen in den Topf geben und vorsichtig umrühren. Eventuell etwas Brühe nachfüllen, bis die gewünschte Kon-

sistenz erreicht ist. Die Butter und eine Prise Bohnenkraut hinzufügen und aufkochen.
Tomaten klein schneiden, hinzufügen, vorsichtig unterheben und vom Feuer nehmen.
Die Suppe in die Teller geben und mit der fein gehackten Petersilie bestreuen.

**Zubereitungszeit:** ca. 45 Min.

## Silvester

Silvester war ein Bischof von Rom, der im 4. Jahrhundert n. Chr. gelebt hat. Seine Name wird im Zusammenhang mit der Taufe Kaiser Konstantins genannt, welcher mit dieser Handlung das Christentum auch zur verbindlichen Religion für alle erklärte. Allerdings steht außer dem Namen nur wenig mit einer christlichen Tradition in Verbindung.

Am Silversterabend verabschiedet man das alte Jahr und begrüßt das neue. Häufig ist das mit einigen Reflektionen auf das vergangene Jahr begleitet und mit Vorhersehungen auf das kommende. Dabei ist der Blick in die Zukunft eines der liebsten Orakelspiele. Dies beginnt mit den Jungfrauenspielen, die nach ihrem Bräutigam fragen und findet seine Krönung dann in alten Traditionen wie Bleigießen oder Ascheschauen, wobei die Suche nach dem Glück an vorderster Stelle steht, denn niemand möchte, dass ihm etwas schlechtes im kommenden Jahr wiederfährt.

Eine alte Sitte besagt, dass die heiratswilligen Mädchen in dieser Nacht an den Hühnerstall klopfen sollten. Kräht der Hahn zur Antwort, kommt im neuen Jahr der Bräutigam, gackert aber ein Huhn zur Antwort, muss das Mädchen noch auf ihren Bräutigam warten.

Auch gab es die Sitte, die Obstbäume in der Neujahrsnacht zu schütteln oder sie mit einem Neujahrsbändchen zu umwickeln, einem Band aus Stroh, damit sie im neuen Jahr viele Früchte tragen mögen.

Die Tradition, um 24 Uhr, in dem Moment, in dem das Jahr sich wendet, reichlich Krach und Getöse zu machen, ist weit verbreitet und wird bereits sehr lange praktiziert. Ob dahinter der Gedanke steht, die bösen Geister fernzuhalten oder aber das neue und kommende Jahr gebührend zu begrüßen, kann nicht mehr eindeutig beantwortet werden. Vermutlich ist es eine Verschmelzung aus beidem. Während man früher Peitschen knallen ließ und das neue Jahr anschoss und anblies, färbt sich heute der Nachthimmel in buntes Raketenlicht.

Regional wird auch von einem Sprung ins neue Jahr berichtet, zu dem tatsächlich auf Tische und Bänke geklettert wurde, um beim Zwölfuhrschlag davon hinunterzuspringen.

## *Am letzten Tage des Jahres*

ANNETTE VON DROSTE-HÜLSHOFF

*Das Jahr geht um,*
*Der Faden rollt sich sausend ab.*
*Ein Stündchen noch, das letzte heut',*
*Und stäubend rieselt in sein Grab,*
*Was einstens war lebend'ge Zeit.*
*Ich harre stumm.*

*'s ist tiefe Nacht!*
*Ob wohl ein Auge offen noch?*
*In diesen Mauern rüttelt dein*
*Verrinnen, Zeit! Mir schaudert; doch*
*Es will die letzte Stunde sein*
*Einsam durchwacht,*

*Gesehen all,*
*Was ich begangen und gedacht;*
*Was mir aus Haupt und Herzen stieg,*
*Das steht nun eine ernste Wacht*
*Am Himmelstor. O halber Sieg!*
*O schwerer Fall!*

*Wie reißt der Wind*
*Am Fensterkreuze! Ja es will*
*Auf Sturmesfittiche das Jahr*
*Zerstäuben, nicht ein Schatten still*
*Verhauchen unterm Sternenklar.*
*Du Sündenkind!*

*War nicht ein hohl*
*Und heimlich Sausen jeder Tag*
*In deiner wüsten Brust Verließ,*

*Wo langsam Stein an Stein zerbrach,*
*Wenn es den kalten Odem stieß*
*Vom starren Pol?*

*Mein Lämpchen will*
*Verlöschen, und begierig saugt*
*Der Docht den letzten Tropfen Öl.*
*Ist so mein Leben auch verraucht?*
*Eröffnet sich des Grabes Höhl'*
*Mir schwarz und still?*

*Wohl in dem Kreis,*
*Den dieses Jahres Lauf umzieht,*
*Mein Leben bricht. Ich wußt' es lang,*
*Und dennoch hat dies Herz geglüht*
*In eitler Leidenschaften Drang.*
*Mir brüht der Schweiß*

*Der tiefsten Angst*
*Auf Stirn und Hand. Wie dämmert feucht*
*Ein Stern dort durch die Wolken nicht?*
*Wär' es der Liebe Stern vielleicht,*
*Dir zürnend mit dem trüben Licht,*
*Daß du so bangst?*

*Horch, welch Gesumm?*
*Und wieder? Sterbemelodie!*
*Die Glocke regt den ehrnen Mund.*
*O Herr, ich falle auf das Knie:*
*Sei gnädig meiner letzten Stund'!*
*Das Jahr ist um!*

*„Der Geist in der Neujahrsnacht", Ludwig Richter.*

## Bauernregeln

- Ist's in den Zwölf Nächten mild, sind sie milden Winters Bild.
- Bringt St. Stephan (26. Dezember) Wind, die Winzer nicht fröhlich sind.
- Windstill muss St. Stephan sein, soll der nächste Wein gedeih'n.
- Silvesterwind und warme Sonn' werfen jede Hoffnung in den Bronn'.
- Neujahrsnacht still und klar, deutet auf ein gutes Jahr.
- Neujahrsnacht hell und klar, deutet auf ein reiches Jahr.
- Morgenrot am ersten Tag bringt Unwetter und große Plag.
- Wenn es zu Neujahr schneit, gibt es viele Bienenschwärme.
- Neujahrssonnenschein lässt das Jahr fruchtbarer sein.
- Wenn's um Neujahr Regen gibt, oft um Ostern Schnee noch liegt.
- Ein Jahr, das schlecht will sein, stellt sich schwimmend ein.

## ***Zum Neuen Jahre***

JOHANN WOLFGANG VON GOETHE

*Zwischen dem Alten,*
*Zwischen dem Neuen*
*Hier uns zu freuen,*
*Schenkt uns das Glück,*
*Und das Vergang'ne*
*Heißt mit Vertrauen*
*Vorwärts zu schauen,*
*Schauen zurück.*

*Stunden der Plage,*
*Leider, sie scheiden*
*Treue von Leiden,*
*Liebe von Lust;*
*Bessere Tage*
*Sammeln uns wieder,*
*Heitere Lieder*
*Stärken die Brust.*

*Leiden und Freuden,*
*Jener Verschwund'nen,*
*Sind die Verbund'nen*
*Fröhlich gedenk.*
*O des Geschickes*
*Seltsamer Windung!*
*Alte Verbindung,*
*Neues Geschenk!*

*Dankt es dem regen,*
*Wogenden Glücke,*
*Dankt dem Geschicke*
*Männiglich Gut;*
*Freut euch des Wechsels*
*Heiterer Triebe,*
*Offener Liebe,*
*Heimlicher Glut!*

*Andere schauen*
*Deckende Falten*
*Über dem Alten*
*Traurig und scheu;*
*Aber uns leuchtet*
*Freundliche Treue;*
*Sehet, das Neue*
*Findet uns neu.*

*So wie im Tanze*
*Bald sich verschwindet,*
*Wieder sich findet*
*Liebendes Paar,*
*So durch des Lebens*
*Wirrende Beugung*
*Führe die Neigung*
*Uns in das Jahr.*

## *Ach wie laufen doch die Jahre*

Gerhard Tersteegen

*Ach wie laufen doch die Jahre,*
*wie verschwindet doch die Zeit,*
*und ich bleibe von der Bahre*
*noch bis diesen Tag befreit.*
*Ich weiß wohl, o Lebenslicht,*
*daß ein Tag zum andern spricht:*
*Alles, was von Adams Erben,*
*Groß' und Kleine müssen sterben.*

*Doch du hast durch deine Güte*
*wie ein Wächter mich bewacht,*
*daß der Tod die Leibeshütte*
*noch nicht in das Grab gebracht.*
*Ach wie soll ich das versteh'n,*
*da doch andre schlafen gehen*
*und gar viele schon begraben,*
*die noch nicht mein Alter haben.*

*Herr, ich bin ja zu geringe*
*dieser großen Gütigkeit.*
*Wenn ich mein Verzeichnis bringe*
*der bisher genoss'nen Zeit,*
*so entfällt mir aller Mut,*
*weil die Rechnung gar nicht gut.*
*Wie viele Jahre sind verdorben,*
*da ich nicht der Welt gestorben!*

*Doch ich will auf Mittel denken*
*und auf Buße sein bedacht;*
*Jesus kann die Schuld versenken,*
*die ich bis hierher gemacht.*

*„Vom seligen Sterben", Ludwig Richter.*

*Lieber Vater, steh mir bei,*
*daß nur keine Heuchelei*
*sich in meinem Herzen finde,*
*wenn ich des mich unterwinde.*

*Willst du mich noch ferner lassen,*
*hier in dieser bösen Welt,*
*ach so hilf mir alles hassen,*
*was dem Geiste nicht gefällt.*
*Stärke mich von deiner Höh',*
*so wird auch das größte Weh,*
*das mir oft zu schwer geschienen,*
*mir zu meinem Besten dienen.*

*Steh mir allezeit zur Rechten,*
*denn du bist ja Sonn' und Schild;*
*hilf uns, deinen armen Knechten,*
*wie und wo und wann du willst.*
*Wenn die Tage böse sein,*
*ach so ruf ins Herz hinein:*
*Lernt euch in die Zeiten schicken,*
*so wird alles heilsam glücken.*

*Endlich, wenn der Lauf zu Ende,*
*so befehl ich meinen Geist*
*dir in deine treuen Hände,*
*der du Gott und Vater heißt.*
*Ach ich freu mich schon darauf,*
*daß ich nach vollbrachtem Lauf*
*dort der Freude soll genießen,*
*wo wir keine Zeit mehr wissen.*

## Das kleine Mädchen mit den Schwefelhölzern

Hans Christian Andersen

Es war so grässlich kalt, es schneite und es begann dunkler Abend zu werden. Es war auch der letzte Abend des Jahres, Silvesterabend. In dieser Kälte und in diesem Dunkel ging auf der Straße ein kleines, armes Mädchen mit bloßem Kopf und nackten Füßen. Ja, sie hatte freilich Pantoffeln angehabt, als sie von zu Hause gekommen war, aber was konnte das helfen? Es waren sehr große Pantoffeln, die ihre Mutter bisher benutzt hatte, so groß waren sie. Und die verlor die Kleine, als sie über die Straße weg eilte, weil zwei Wagen schrecklich schnell vorbeifuhren. Der eine Pantoffel war nicht wieder zu finden und mit dem andern lief ein Junge fort. Er sagte, dass er ihn als Wiege benützen könne, wenn er selbst einmal Kinder bekäme.

Da ging nun das kleine Mädchen auf den nackten kleinen Füßen, die rot und blau vor Kälte waren. In einer alten Schürze trug sie eine Menge Schwefelhölzchen und einen Bund davon hielt sie in der Hand. Niemand hatte ihr den ganzen Tag lang etwas abgekauft, niemand ihr einen Pfennig geschenkt. Hungrig und erfroren ging sie und sah so elend aus, die arme Kleine. Die Schneeflocken fielen in ihr langes blondes Haar, das sich so schön um den Nacken lockte, aber an diese Pracht dachte sie nun freilich nicht. Aus allen Fenstern leuchteten die Lichter und dann roch es so herrlich nach Gänsebraten auf der Straße – es war ja Silvesterabend. Ja, daran dachte sie!

In einem Winkel zwischen zwei Häusern, von denen das eine etwas mehr in die Straße vorsprang als das andere, setzte sie sich hin und kauerte sich zusammen. Die kleinen Beine hatte sie unter sich hinaufgezogen, aber sie fror noch mehr und nach Hause gehen durfte sie nicht, sie hatte ja keine Schwefelhölzchen verkauft, nicht einen einzigen Pfennig bekommen, ihr Vater würde sie schlagen und kalt war es auch zu Hause. Sie hatten nur das Dach gleich über sich und da pfiff der Wind herein, wenn auch die größten Spalten mit Stroh und Lumpen zugestopft waren.

Ihre kleinen Hände waren vor Kälte beinahe ganz abgestorben. Ach, ein kleines Schwefelhölzchen konnte gut tun! Wenn sie nur ein einziges aus dem Bunde herausziehen, es an die Wand streichen und sich die Finger wärmen dürfte. Sie zog eins heraus. Ritsch, wie sprühte das, wie brannte es! Es war eine warme, helle Flamme, als sie die Hände darum hielt. Es war ein wunderbares Lichtchen! Dem kleinen Mädchen schien es, als säße sie vor einem großen, eisernen Ofen mit blanken Messingfüßen und einem Messingaufsatz, das Feuer brannte darin so wohltuend, es wärmte so gut.

Nein, was war das! Die Kleine streckte schon die Füße aus, um auch diese zu erwärmen, da erlosch das Flämmchen. Der Ofen verschwand, sie saß mit einem kleinen Stumpf des abgebrannten Schwefelhölzchens in der Hand.

Ein zweites wurde angestrichen, es brannte, es leuchtete und wo der Schein auf die Mauer fiel, wurde diese durchsichtig wie ein Schleier: Sie sah gerade in die Stube hinein, wo der Tisch gedeckt stand mit einem schimmernden weißen Tuch, mit feinem Porzellan, und herrlich dampfte die gebratene, mit Äpfeln und getrockneten Pflaumen gefüllte Gans. Und was noch prächtiger war, die Gans sprang von der Schüssel herunter und wackelte auf dem Fußboden, mit Messer und Gabel im Rücken. Gerade bis zu dem armen Mädchen hin kam sie, da erlosch das Schwefelhölzchen und es war nur noch die dicke, kalte Mauer zu sehen.

Sie zündete ein neues an. Da saß sie unter dem herrlichsten Christbaum. Er war noch größer und geputzter als der, den sie durch die Glastüre bei dem reichen Kaufmann beim letzten Weihnachtsfest gesehen hatte. Tausende von Lichtern brannten auf den grünen Zweigen und bunte Bilder, wie sie die Schaufenster schmückten, sahen auf sie herab. Die Kleine streckte beide Hände in die Höhe – da erlosch das Schwefelhölzchen. Die vielen Weihnachtslichter stiegen höher und höher und höher, sie sah, es waren nun die klaren Sterne, einer davon fiel herunter und bildete einen langen Feuerstreifen am Himmel.

„Jetzt stirbt jemand!", sagte die Kleine, denn die alte Großmutter, die einzige, die gut zu ihr gewesen, aber nun tot war, hatte gesagt: „Wenn ein Stern fällt, geht eine Seele empor zu Gott."

Sie strich wieder ein Schwefelhölzchen an der Mauer an, das leuchtete ringsum und in dem Glanz stand die alte Großmutter, so klar, so schimmernd, so mild und gesegnet. „Großmutter!", rief die Kleine, „o, nimm mich mit! Ich weiß, du bist fort, wenn das Schwefelhölzchen ausgeht, fort, wie der warme Ofen, der herrliche Gänsebraten und der große gesegnete Weihnachtsbaum!" Und sie strich in Eile den ganzen Rest Schwefelhölzer an, die im Bund waren, sie wollte die Großmutter recht festhalten. Und die Schwefelhölzer leuchten mit solch einem Glanz, dass es heller war als der lichte Tag. Die Großmutter war nie zuvor so schön, so groß gewesen. Sie hob das kleine Mädchen auf ihren Arm und sie flogen in Glanz und Freude so hoch, so hoch. Und da war keine Kälte, kein Hunger, keine Angst – sie waren bei Gott.

Aber im Winkel am Hause saß in der kalten Morgenstunde das kleine Mädchen mit roten Wangen, mit einem Lächeln um den Mund – tot, erfroren am letzten Abend des alten Jahres. Der Neujahrsmorgen ging auf über der kleinen Leiche, die da saß mit den Schwefelhölzern, von denen ein Bund fast abgebrannt war.

„Sie hat sich wärmen wollen", sagte man. Niemand wusste, was sie Schönes gesehen hatte und in welchem Glanz sie mit der alten Großmutter in die Neujahrsfreude eingegangen war.

*„Neujahrslied", Ludwig Richter.*

## Karpfen in Bier gekocht

### Zutaten

| | |
|---|---|
| 1 KG | KARPFEN |
| | SALZ |
| | ZWIEBELN, NELKEN, MUSKAT |
| | BIER |

### Zubereitung

Das alte Rezept im originalen Wortlaut: „Die Karpfe wird geschuppt, ausgenommen, gerissen und in Stücken geschnitten, auch vorher mit ein wenig Salz besprenget, denn abgewischet und in eine Casserolle oder Kessel gethan mit vielen klein gehackten Zwiebeln und ein wenig ganzen Negelein (Gewürznelken) und Muskatenblumen, denn Bier darauf, daß er völlig bedeckt ist, und denn auf starkem Feuer gekocht, bis daß von dem Bier nur eine kurze sämige Brühe übrig ist, und damit angerichtet."

**Zubereitungszeit:** ca. 45 Minuten

## Neujahr

Früher versuchte jeder an diesem Tag, dem anderen das neue Jahr abzugewinnen. Das bedeutete, man versuchte dem anderen mit dem Neujahrswunsch zuvorzukommen.

Anfang des 20. Jahrhunderts war es weithin üblich, sich zu diesem Tage kleine Karten und Grüße für das neue Jahr zu senden. Heute wird dies meist bereits mit der Weihnachtspost erledigt.

Auch das Neujahrsbacken war stets sehr verbreitet. Besonders beliebt waren kleine Herdkuchen aus der Pfanne oder in Kucheneisen gebackene Waffeln. Traditionell wurden diese in Zangeneisen über dem Herdfeuer gebacken.

Im 19. Jahrhundert nannte man den Neujahrstag auch Zahltag, da die Maurer, Zimmerer und Handwerker nur einmal im Jahr an diesem Tag ihre Rechnungen in die Häuser brachten. Auch die Knechte und Mägde erhielten über den Jahreswechsel ihren Lohn.

Selbst die Nachwächter klopften an die Türe, weil sie sich eine kleine Gabe erhofften. Die bestand in der hiesigen Region aus einer Mettwurst. Doch soll es mitunter vorgekommen sein, dass der Nachtwächter statt dieser nur einen mit Sägemehl ausgestopften Darm erhielt.

## Volksgut

*Ein neues Jahr nimmt seinen Lauf.*
*Die junge Sonne steigt herauf.*
*Bald schmilzt der Schnee, bald taut das Eis.*
*Bald schwillt die Knospe schon am Reis.*
*Bald werden die Wiesen voll Blumen sein,*
*die Äcker voll Korn, die Hügel voll Wein.*

*Verschneite Felder im Kreis Höxter.*

*Sonnenaufgang an einem Wintermorgen.*

## Lippischer Neujahrskuchen

### Zutaten

| | |
|---|---|
| 250 g | Kandiszucker |
| 200 g | Butter |
| 500 g | Mehl |
| 1 | Ei |
| 0,5 l | Wasser |
| | Zitrone und Zimt zum würzen |

### Zubereitung

Das Wasser kochen und den Kandiszucker darin auflösen. Das Zuckerwasser wieder abkühlen lassen. Nach etwa einer Stunde das Zuckerwasser mit der Butter, dem Ei und den Gewürzen verrühren. Das Mehl nach und nach dazugeben. Nochmals 5 Stunden stehen lassen.

Jeweils einen Esslöffel Teig in eine Bratpfanne geben und von beiden Seiten goldgelb backen. Anschießend aufrollen und mit Zimt und nach Geschmack auch mit Kakao oder Puderzucker bestreuen.

## Zum neuen Jahr

Katharina Goethe, die Mutter von Johann Wolfgang von Goethe, hat folgendes Rezept für ein gutes neues Jahr aufgeschrieben:

„Man nehme zwölf Monate, putze sie ganz sauber von Geiz, Pedanterie und Angst und zerlege jeden Monat in 30 oder 31 Teile, sodass der Vorrat genau für ein Jahr reicht. Es wird jeder Tag einzeln angerichtet aus einem Teil Arbeit und zwei Teilen Frohsinn und Humor. Man füge drei gehäufte Esslöffel Optimismus hinzu, einen Teelöffel Toleranz, ein Körnchen Ironie und eine Prise Takt. Dann wird die Masse sehr reichlich mit Liebe übergossen. Das fertige Gericht schmücke man mit Sträußchen kleiner Aufmerksamkeiten und serviere es täglich mit Heiterkeit und mit einer guten, erquickenden Tasse Tee."

*Malerische Schneelandschaft.*

**Neujahrswunsch**

Volksgut

*Ein neues Jahr nimmt seinen Lauf,*
*die junge Sonne steigt herauf.*
*Bald schmilzt der Schnee, bald taut das Eis,*
*bald schwillt die Knospe schon am Reis.*
*Bald werden die Wiesen voll Blumen sein,*
*die Äcker voll Korn, die Hügel voll Wein.*
*Und Gott, der ewig mit uns war,*
*behüt' uns auch im neuen Jahr.*
*Und ob wir nicht bis morgen schau'n,*
*wir wollen hoffen und vertrau'n.*

**Zu Neujahr**

Wilhelm Busch

*Will das Glück nach seinem Sinn*
*dir was Gutes schenken,*
*sage dank und nimm es hin*
*ohne viel Bedenken.*
*Jede Gabe sei begrüßt,*
*doch vor allen Dingen*
*das, worum du dich bemühst,*
*möge dir gelingen.*

# 4.

# Der Dreikönigstag am 6. Januar

## Am Feste der heiligen drei Könige

ANNETTE VON DROSTE-HÜLSHOFF

*Durch die Nacht drei Wandrer ziehn,*
*Um die Stirnen Purpurbinden,*
*Tiefgebräunt von heißen Winden*
*Und der langen Reise Mühn.*
*Durch der Palmen säuselnd Grün*
*Folgt der Diener Schar von weiten;*
*Von der Dromedare Seiten*
*Goldene Kleinode glühn,*
*Wie sie klirrend vorwärts schreiten,*
*Süße Wohlgerüche fliehn.*

*Finsternis hüllt schwarz und dicht*
*Was die Gegend mag enthalten;*
*Riesig drohen die Gestalten:*
*Wandrer, fürchtet ihr euch nicht?*
*Doch ob tausend Schleier flicht*
*Los' und leicht die Wolkenaue:*
*Siegreich durch das zarte Graue*
*Sich ein funkelnd Sternlein bricht.*
*Langsam wallt es durch das Blaue,*
*Und der Zug folgt seinem Licht.*

*Horch, die Diener flüstern leis:*
*»Will noch nicht die Stadt erscheinen*
*Mit den Tempeln und den Hainen,*

*„Singende Engel, zu ihren Füßen der Stern", Ludwig Richter.*

*Sie, der schweren Mühe Preis?*
*Ob die Wüste brannte heiß,*
*Ob die Nattern uns umschlangen,*
*Uns die Tiger nachgegangen,*
*Ob der Glutwind dörrt' den Schweiß:*
*Augen an den Gaben hangen*
*Für den König stark und weiß.«*

*Sonder Sorge, sonder Acht,*
*Wie drei stille Monde ziehen*
*Um des Sonnensternes Glühen,*
*Ziehn die Dreie durch die Nacht.*
*Wenn die Staublawine kracht,*
*Wenn mit grausig schönen Flecken*
*Sich der Wüste Blumen strecken,*
*Schaun sie still auf jene Macht,*
*Die sie sicher wird bedecken,*
*Die den Stern hat angefacht.*

*O ihr hohen heil'gen Drei!*
*In der Finsternis geboren*
*Hat euch kaum ein Strahl erkoren,*
*Und ihr folgt so fromm und treu!*
*Und du meine Seele, frei*
*Schwelgend in der Gnade Wogen,*
*Mit Gewalt ans Licht gezogen,*
*Suchst die Finsternis aufs Neu!*
*O wie hast du dich betrogen;*
*Tränen blieben dir und Reu!*

*Dennoch, Seele, fasse Mut!*
*Magst du nimmer gleich ergründen,*
*Wie du kannst Vergebung finden:*
*Gott ist über Alles gut!*
*Hast du in der Reue Flut*
*Dich gerettet aus der Menge,*
*Ob sie dir das Mark versenge*
*Siedend in geheimer Glut,*
*Läßt dich nimmer dem Gedränge,*
*Der dich warb mit seinem Blut.*

*Einen Strahl bin ich nicht werth,*
*Nicht den kleinsten Schein von oben.*
*Herr, ich will dich freudig loben,*
*Was dein Wille mir beschert!*
*Sei es Gram, der mich verzehrt,*
*Soll mein Liebstes ich verlieren,*
*Soll ich keine Tröstung spüren,*
*Sei mir kein Gebet erhört:*
*Kann es nur zu dir mich führen,*
*Dann willkommen Flamm' und Schwert!*

*„Dreikönigslied", Ludwig Richter.*

## 6. Januar

Im kirchlichen Sinne wird am 6. Januar Epiphanias gefeiert. Es ist das zweitälteste Kirchenfest nach Ostern. Es wird die Offenbarung der Göttlichkeit des Herrn gefeiert, altgriechisch Epiphanie.

Genau genommen liegen diesem Tag drei Erzählungen des Neuen Testamentes zu Grunde: Die Ankunft der Weisen, die Taufe Jesu im Jordan und das erste Wunder Jesu, die Verwandlung von Wasser zu Wein. Vermutlich hat die ursprüngliche Dreier-Bedeutung dieses Tages dazu geführt, dass in allen bildlichen Darstellungen stets die drei Weisen zu Jesus gekommen sind. In der Bibel ist die genaue Anzahl nicht genannt. Die drei genannten Geschenke Gold, Myrrhe und Weihrauch haben zusammen mit der Trias in der Bedeutung des Tages aber wohl dazu beigetragen, dass wir heute von drei heiligen Königen sprechen. In evangelischen Kirchen werden die Tauf- und die Wundergeschichten erst an den beiden Sonntagen nach Epiphanias gelesen.

Nachdem das Weihnachtsfest zentraler Bestandteil der christlichen Religion wurde und seine jetzige Datierung bekam, entwickelte sich die Verehrung der Heiligen Drei Könige am 6. Januar, ursprünglich wurden vorwiegend die Geburt und Taufe Jesu an diesem Tag gefeiert. Bis heute feiern orthodoxe Christen diesen Tag als Höhepunkt des Weihnachtsfestes.

Vielfach ist der 6. Januar heute der letzte Tag, an dem die Kerzen des Weihnachtsbaumes angezündet werden.

Da Ostwestfalen-Lippe zu großen Teilen evangelisch geprägt ist, sind die Sternsinger hier in vielen Orten kaum gesehene Gäste. Auch ihr Segenszeichen, die Jahreszahl und die Buchstaben CMB, für Christus Mansionem Benedicat (Gott segne dieses Heim), sind überwiegend im Gütersloher und Paderborner Raum zu finden.

## Das Timpkenfest

Der legendäre Sachsenherzog Widukind, welcher jahrelang erbittert gegen Karl den Großen und seine Christianisierung gekämpft hatte, ließ sich nach Jahren des Kampfes dennoch taufen. Eine der vielen Legenden um dieses Ereignis besagt, dass seine Meinungsänderung an Weihnachten erfolgte:

*Um sich unkenntlich in das feindliche fränkische Lager zu schleichen, legte der Sachsenherzog Widukind einst Bettlerlumpen an. Er schlich sich in das Lager und sah sich dort um. Nun war aber gerade der Tag des Herrn und alle Franken hatten sich im heiligen Bethaus versammelt. So stellte sich Widukind zu den anderen Bettlern, die am Eingang auf ein Almosen hofften. Er lehnte sich an die Pforte und blickte in das Gotteshaus hinein. Widukind hoffte Karl den Großen dort entdecken zu können. Stattdessen fiel sein Blick aber auf den Altar und von dort soll das Jesuskind ihn angelächelt haben. Da soll er sich vor den Altar geworfen haben und um seine Taufe gebeten haben. Karl gewährte sie ihm, wohlwissend, wen er dort vor sich hatte.*

*Nach diesem Ereignis soll Widukind ein rechter Christenmensch geworden sein. Im hohen Alter kam ihm dann der Gedanke, einmal zu überprüfen, ob seine Anhänger ihm auch alle treu ergeben seien. Darum ließ er das Gerücht von seinem Tode verbreiten. Am Tage, an dem er angeblich begraben werden sollte, kamen viele zu seiner Burg und standen weinend um seinen angeblichen Sarg, bis Widukind gesund und munter durch die Tür in den Saal marschiert kam. Alle Anwesenden wurden für ihren Schrecken entlohnt.*

*Tatsächlich ist er dann am heiligen Dreikönigsabend im Jahre 807 wirklich gestorben. Man trug seinen Sarg vom Wesergebirge, wo seine Festung Babilonie stand, zur Kirche nach Enger, wo er begraben werden sollte. Dort stellte man den Sarg aus, damit alle sich von*

*„Der Engel erscheint den Hirten", Ludwig Richter.*

*ihm verabschieden konnten. In einem Gewölbe am Chor wurde er begraben. Die Kirchentür an der Westseite, durch die man den Sarg hineingetragen hatte, mauerte man anschließend zu und der Platz, an dem sein Sarg stand, heißt bis heute Leichendehl. Später errichtete man über dem Grabe Widukinds ein steinernes Denkmal, welches dort bis heute steht.*

*Um das Andenken Widukinds in Ehren zu halten, bestimmte man, einige sagen auch, Widukind selber habe dies bestimmt, jährlich an seinem Todestage, dem 6. Januar, einen Trauergottesdienst und eine Begräbnisfeier abzuhalten. Bereits drei Tage vorher läuten am Mittag jeweils eine Stunde die Glocken. Am Sterbetag dann klingen die Glocken ab neun Uhr morgens. Dann versammeln sich die Gemeindemitglieder, die Armen des Ortes und besonders die Lehrer mit ihren Schülern zum Gedächtnisgottesdienst. Die Armen erhielten Brot und Wurst und die Schüler ein Stück Semmel, welches nach seiner Form Tempelstuten oder Timpen genannt wurde.*

*(nach Lorenzen/Weitkamp 1924 und Redeker 1830)*

So ist der 6. Januar zum Gedenktag Widukinds geworden und zum Fest der Wittekindsspende. Nach der Bezeichnung für die geviertelten Hefebrötchen, welche bis heute an die Schüler nach dem Gottesdienst am Morgen des 6. Januar verteilt werden, wird dieses Gedächtnisfest örtlich auch vielfach Timpkenfest genannt.

Früher wurden an diesem Tage auch andere Waren, welche meist von der umliegenden Landbevölkerung gesammelt und zur Verfügung gestellt wurden, an die Armen des Ortes verteilt.

Der Ursprung dieses Festes soll tatsächlich in der vorgetäuschten Beerdigung Widukinds liegen. Er selber soll damals verfügt haben, dass alle Bauern, die nicht zu seiner Beisetzung erschienen waren, jährlichen ihren Beitrag liefern mussten, der meist aus Mehl, Wurst und Backwaren bestand. Viele Jahrhunderte hindurch soll sich dies erhalten haben, bis es Verfügungen gab, für diese

Spende jährliche Gelder bereitzustellen. Schließlich kam es dazu, dass jeder auch Wurst und Brot für die Armen spenden konnte.

Eine andere Sage berichtet aber auch davon, dass Mathilde von Enger, eine (angebliche) Urenkelin Widukinds und Gemahlin Ottos I., dieses Fest ins Leben gerufen habe. Sie hatte sich stets sehr bemüht, das Erbe Widukinds und dessen Andenken in Enger zu bewahren.

Heute beschränkt sich die Spende auf die Verteilung der Timpken an die Schüler, aber nach wie vor wird dieses Fest jährlich am 6. Januar begangen. Damit gehört diese Gedächtnisfeier zu den Festen im ostwestfälisch-lippischen Raum mit der längsten Tradition.

„Valentin wandert durch den Schnee", Ludwig Richter.

## Der Esel und das Eis

Leonardo da Vinci

Es war einmal ein müder Esel, der vermeinte, nicht mehr bis zum Stall gehen zu können. Es war Winter und sehr kalt, alle Straßen waren vereist.

*„Ich bleibe hier“, sagte der Esel und ließ sich zu Boden fallen. Ein kleiner, hungriger Spatz näherte sich ihm und flüsterte ihm zu: „Esel, du bist nicht auf der Straße, sondern über einem zugefrorenen See. Gib Acht!“*

Der Esel, schläfrig, gähnte genüsslich und schlief ein. Aber seine Körperwärme begann nach und nach das Eis aufzutauen, bis es mit einem Krachen brach. Als sich der Esel im Wasser wiederfand, fühlte er sich doch sehr beunruhigt. Aber jetzt war es zu spät und er ertrank.

## Dreikönigskuchen

### Zutaten

| | |
|---|---|
| ½ Würfel | Hefe oder 1 Pck. Trockenhefe |
| 250 ml | warme Milch |
| 1 TL | Salz |
| 5 TL | Zucker |
| 500 g | Mehl |
| 50 g | Butter |
| 2 | Eier |
| 80 g | Rosinen |
| 1 | Bohne |
| 1 EL | Sahne |
| 100 g | Hagelzucker |
| 100 g | Mandelsplitter |

### Zubereitung

Hefe zerbröckeln und in die erwärmte Milch einrühren (oder Trockenhefe unter das Mehl mischen).

In einer großen Schüssel Salz, Zucker und Mehl mischen.

Die Butter schmelzen und in das Milch-Hefe-Gemisch gießen, dann mit in die Schüssel geben.

Ein Ei verquirlen und ebenfalls dazugeben.

Den Teig kneten, bis er schön geschmeidig ist. Dann die Rosinen dazugeben und ebenfalls gut unterheben. Den Teig zugedeckt an einem warmen Ort auf das Doppelte aufgehen lassen.

Den Teig vierteln. Ein Viertel zu einer großen Kugel, dem Mittelstück des Kuchens, formen. Die anderen Viertel halbieren, zu 6 Kugeln formen und in einer Kugel die Bohne (den

König) verstecken. Die kleinen Kugeln rund um das Mittelstück anordnen, Klebestellen mit etwas Wasser bepinseln und andrücken.
Sahne und ein Eigelb verquirlen, den Dreikönigskuchen ein wenig flachdrücken und mit dem Gemisch einstreichen.
Den Ofen auf 200°C vorheizen, so lange den Kuchen nochmals aufgehen lassen. Erst dann in den Ofen schieben und ca. 40 Minuten backen.
Den Kuchen mit Hagelzucker und Mandelsplittern verzieren und auskühlen lassen.

**Zubereitungszeit:** ca. 2–3 Stunden

*„Eine Frage“, Ludwig Richter.*

## Bauernregeln

- Ist bis Dreikönigstag kein Winter, so kommt auch keiner mehr dahinter.
- Ist Dreikönig hell und klar, gibt's viel Wein in diesem Jahr.
- Makarius das Wetter prophezeit für die ganze Erntezeit.
- Anfang und Ende vom Januar deuten auf das ganze Jahr.
- Braut der Januar Nebel gar, wird das Frühjahr nass fürwahr.
- Wenn's im Januar donnert überm Feld, kommt später die große Kält'.
- Die Erde muss ihr Betttuch haben, soll sie der Winterschlummer laben.
- Ein Januar wie ein März ist dem Bauern ein schlechter Scherz.
- Gelinder Januar bringt spätes Frühjahr.
- Im Januar sieht man lieber den Wolf als einen Bauern in Hemdsärmeln.
- Ist der Januar hell und weiß, kommt der Frühling ohne Eis, wird der Sommer sicher heiß.
- Wirft der Maulwurf Hügel im Januar, dauert der Winter bis zum Mai sogar.
- Ist der Januar feucht und lau, wird das Frühjahr trocken und rau.
- Wächst das Gras im Januar, ist der Sommer in Gefahr.
- Klirrt der Frost im Januar, gibt's ein gutes Erntejahr.
- Kommt der Frost im Januar nicht, zeigt im März er sein Gesicht.
- Lässt der Januar Wasser fallen, lässt der Lenz es gefrieren.
- Sind im Januar die Flüsse klein, gibt's im Herbst guten Wein.
- Soviel Tropfen im Januar, so viel Schnee im Mai.
- Auf trocken-kalten Januar folgt viel Schnee im Februar.

- Fehlen im Januar Schnee und Frost, gibt der März gar wenig Trost.
- Im Jänner werden die Tage länger und der Winter strenger.
- Im Januar Reif ohne Schnee tut Bergen, Bäumen und allem weh.
- Januar muss vor Kälte knacken, wenn die Ernte gut soll sacken.
- Januarschnee zuhauf, Bauer halt die Säcke auf.
- Januar warm – dass Gott erbarm!
- Je frostiger der Jänner, desto freundlicher das ganze Jahr.
- Nebel im Januar macht nasses Frühjahr.
- Tanzen im Januar die Mucken, muss der Bauer nach dem Futter gucken.
- Wächst das Korn im Januar, wird es auf dem Markte rar.
- Wenn der Frost im Jänner nicht kommen will, kommt er sicher im April.

## *Epiphaniasfest*

Johann Wolfgang von Goethe

*Die Heiligen Drei König' mit ihrem Stern,*
*sie essen, sie trinken und bezahlen nicht gern;*
*sie essen gern, sie trinken gern,*
*sie essen, trinken und bezahlen nicht gern.*

*Die Heil'gen Drei König' sind gekommen allhier,*
*es sind ihrer drei und sind nicht ihrer vier;*
*und wenn zu dreien der vierte wär',*
*so wär' ein Heil'ger Drei König mehr.*

*Ich erster bin der weiß' und auch der schön',*
*bei Tage solltet ihr erst mich seh'n!*
*Doch ach, mit allen Spezerein*
*werd ich sein Tag kein Mädchen mir erfrein.*

*Ich aber bin der braun' und bin der lang',*
*bekannt bei Weibern wohl und bei Gesang.*
*Ich bringe Gold statt Spezerein,*
*da werd ich überall willkommen sein.*

*Ich endlich bin der schwarz' und bin der klein'*
*und mag auch wohl einmal recht lustig sein.*
*Ich esse gern, ich trinke gern,*
*ich esse, trinke und bedanke mich gern.*

*Die Heil'gen Drei König' sind wohlgesinnt,*
*sie suchen die Mutter und das Kind;*
*der Joseph fromm sitzt auch dabei,*
*der Ochs und Esel liegen auf der Streu.*

*Wir bringen Myrrhen, wir bringen Gold,*
*dem Weihrauch sind die Damen hold;*
*und haben wir Wein von gutem Gewächs,*
*so trinken wir drei so gut als ihrer sechs.*

*Da wir nun hier schöne Herrn und Frau'n.*
*Aber keine Ochsen und Esel schau'n,*
*so sind wir nicht am rechten Ort*
*und ziehen unseres Weges weiter fort.*

# Literaturnachweis

Angermann, Gertrud: *Engel an Ravensberger Bauernhäusern,* Münster 1976

Bobenhausen, Klemens und Wulf Pohl: *Deutschland's Balladen- und Romanzen-Dichter.* Von A. A. Bürger bis auf die neueste Zeit. Eine Auswahl des Schönsten und charakteristisch Werthvollsten aus dem Schatze der lyrischen Epik nebst Biographien und Charakteristiken der Dichter, unter Berücksichtigung der namhaftesten kritischen Stimmen. Hg. v. Ignaz Hub. Dritte, mit Nachträgen vermehrte Auflage, Würzburg/Karlsruhe 1860, S. 152–153

Der Minden-Ravensberger, Nr. 68. *Berichte und Bilder aus der Region; das Jahrbuch in Ostwestfalen/herausgegeben für das Heimatgebiet Minden-Ravensberg in Verbindung mit dem Westfälischen Heimatbund,* Bielefeld 1996

Griesewelle, Gerhard: *Weihnachtliches Brauchtum in Westfalen,* Paderborn 1990

Grimm, Jacob: *Deutsche Mythologie,* Berlin 1875–78

Keller, Reinhard (Hrsg.): *Der Ravensberger.* Heimatkalender für das Minden-Ravensberger Land, Bielefeld 1949

Kuhn, Adalbert: *Norddeutsche Sagen, Märchen und Gebräuche aus Mecklenburg, Pommern, der Mark, Sachsen, Thüringen, Braunschweig, Hannover, Oldenburg und Westfalen,* Leipzig 1848

LORENZEN, ERNST UND HEINRICH WEITKAMP: *Westphälische Sagen,* Bielefeld und Leipzig 1924

LUHMANN, HEINRICH: *Ländliches Jahr,* Münster 1952

MEIER-BÖKE, AUGUST: *Das Winterbrauchtum in Lippe.* In: Mitteilungen aus der lippischen Geschichte und Landeskunde, Detmold 1955

MICHELS, PAUL: *Zur Geschichte des Weihnachtsbaumes in Westfalen.* In: Rheinisch-westfälische Zeitschrift für Volkskunde. Band 11, Münster 1964

REDEKER, W.: *Westphälische Sagen, meist aus mündlicher Überlieferung gesammelt und mitgetheilt,* Minden 1830

SARTORI, PAUL: *Westfälische Volkskunde,* Dortmund 1921

SAUERMANN, DIETMAR: *Zur Diffusion des Weihnachtsbaumes in Westfalen.* In: Rheinisch-westfälische Zeitschrift für Volkskunde. Band 20, Münster 1973

SAUERMANN, DIETMAR (HRSG.): *Weihnachten in Westfalen um 1900,* Münster 1976

SUERBAUM, AUGUST: *Sitte und Brauch unserer Heimat,* Osnabrück 1982

# Bildnachweis

Beyer, Antje: S. 40
Es war einmal. Ein Bilderbuch von Dresdner Künstlern, Dresden 1862: S. 101, 135, 132
Fotoarchiv »Salon der Nostalgie« Werner Grand: Titelbild
Georg Scherer's illustrirtes Kinderbuch, Leipzig 1869: S. 37, 73
Groth, Klaus: Voer de Goern. Kinderreime alt und neu, Leipzig 1858: S. 16
Gumpert, Thekla von: Hymnen für Kinder, Berlin 1846: S. 119
Illustrirte Jugend-Zeitung, 2. Jg. 1847, Leipzig 1847: S. 32, 83, 177
Nieritz, Gustav (Hrsg.): Sächsischer Volkskalender für das Jahr 1842, Leipzig 1842: S. 114, 128
Ders.: Sächsischer Volkskalender für das Jahr 1847, Leipzig 1847: S. 63
J. Gaber's Atelier für Holzschneidekunst (Hrsg.): Christenfreude in Lied und Bild, Leipzig 1855: S. 158
Reinick, R.: J. P. Hebel's allemannische Gedichte, Leipzig 1851: S. 88, 148, 181
Richter, Ludwig (Hrsg.): Alte und neue Volksweisen, Leipzig 1846: S. 107
Richter, Ludwig: Was bringt die Botenfrau, Erster Tragekorb, Leipzig 1850: S. 72, 77
Ders.: H. C. Andersen's Märchen, Berlin 1851: S. 90
Ders.: Beschauliches und Erbauliches, Leipzig 1853: S. 52
Ders.: Für's Haus. Im Winter, Dresden 1858: S. 4, 10, 110
Ders.: Bilder und Reime für Kinder, Leipzig und Dresden 1859: S. 61
Ders.: Für's Haus, Dresden 1860: S. 43, 49
Ders.: Neuer Strauss für's Haus, Dresden 1864: S. 85
Ders.: Gesammeltes für's Haus, Dresden 1869: S. 14, 171

Schmidt, Ferdinand: Der Weihnachtsbaum, Leipzig 1851: S. 79

Sutton Verlag: S. 35, 39, 44, 55, 56, 59, 69, 104, 108, 113, 124, 136

Traugott, Johann: An der Krippe zu Bethlehem, Dresden 1852: S. 75, 121, 168

Traugott, Johann: Knecht Ruprecht, Leipzig 1852: S. 27, 29, 31

Johann Traugott: Familienlieder und häusliche Gelegenheitsdichtungen, Leipzig 1853: S. 174

Weber, G.: Der gute Hirte, Dresden 1860: S. 153

Wüllner, Anja: S. 2, 12, 19, 24, 51, 87, 115, 116, 161, 162, 165

Buchhinweise

**Widukind.** Der Widersacher in Sagen und Legenden

*Verena Hellenthal*

ISBN: 978-3-86680-504-0 • 13,90 €

> *Vorzügliche Fotografien der Widukind-Denkmäler und -Burgen machen diese Sagensammlung zu einem spannenden und unterhaltsamen Lesevergnügen.*
>
> Spenger Echo

## Buchhinweise

**Herford**
Alte Bilder erzählen

*Eris Valentowicz*

ISBN: 978-3-86680-857-7 • 18,95 €

**Herford**
Die schönsten Seiten

*Eris Valentowicz*

ISBN: 978-95400-058-6 • 14,95 €

# Buchhinweise

**Minden**
Die schönsten Seiten

*Winfried Hedrich*

ISBN: 978-3-86680-971-0 • 14,95 €

**Faszination Westfälische Mühlenstraße**

*Winfried Hedrich*

ISBN: 978-3-86680-822-4 • 14,95 €

SUTTON VERLAG

Weitere Krimis und Romane finden Sie unter:
**www.sutton-belletristik.de**